ネーミング全史

商品名が主役に躍り出た

岩永嘉弘
Iwanaga Yoshihiro

日本経済新聞出版社

ネーミング全史

商品名が主役に躍り出た

はじめに

「はじめに」と書いたとたんに思い出した一文があります。「初めに言《ことば》ありき」です。この一文は、こう続く。

「初めに言《ことば》があった。
言《ことば》は神と共にあった。
言《ことば》は神であった。この言《ことば》は初めに神と共にあった。
すべてのものは、これによってできた。できたもののうち、一つとしてこれによらないものはなかった。
この言《ことば》に命があった。」

新約聖書（口語訳、日本聖書協会）の言葉です。ヨハネによる福音書。その冒頭です。

モノはすべて、言葉によってモノになる。名前がまだないうちは、そのモノは存在しないのと同じ。モノは名前が付いて初めて、その存在が明らかになる。モノは名付けられて初めて世界に登場する。

聖書はそういっているのです。

なんだか荘重な言葉を引いてしまいましたが、これは、その

1　初めにネーミングありき

もくじ

Contents

ままネーミングに当てはまる。そう考えて引用してしまいました。

モノは、ネーミングを得て初めてモノとなる。名前が与えられて初めてモノになります。

ここでいうモノとは、狭義では商品です。会社も建物や街もモノでしょう。

しかしネーミングは、コトに冠する言葉でもあります。コトとは情報のコトですね。本や映画やコンピュータのソフトなどはモノというより、コトでしょう。主張や主義などもコトといえる。これらのコトに冠される言葉もネーミングと呼んでおきましょう。

とにかく、ネーミングが付けられて、初めてそのモノやコトに命が吹き込まれるのです。

3 進化の歴史は続く「ネーミングNOW」

part.1 ネーミングが、キャッチーになってきた

part.2

ネーミングが、しゃべり言葉になってきた

part.3

ネーミングが、和語に戻ってきた

part.4 ネーミングはシャレがお好き

4 劇的ネーミングの作り方

1

初めにネーミングありき

例えば――。

見た目は他のビールと変わらない黄色い水が、その成り立ちを表現して名付けたとき初めて、その黄色い液体は「一番搾り」というモノとして、誕生した。存在し始めた。

例えば、様々な記事で構成した紙の束が『ＳＴＯＲＹ』と命名されたとき、女性の物語を編む雑誌であるコトを宣言して、その存在が世に生まれた。

例えば、経済再興の戦略を様々に設計したあの施策は、「アベノミクス」というネーミングを付けることによって、メディアを席巻するコトとなった。

という次第で、ネーミングとは、「モノやコトに付けられる名前」と定義しておきます（人名やペットの名前、草木や山や海など自然に付けられている呼称や固有名詞は、外しましょう）。

そのネーミングが、モノやコトの文字通り具体的な姿となって世の中に広まっていく。名は体を表す。いえ、名は態をも表す。そのモノやコトの体や態を表しつつ、一つの言葉に凝縮して、世間に放つ。放たれた矢となってどこまでも広まっていく。ネーミングの広まっていくこの作業を、僕たちはしばしば「マーケティング」と呼んでいます。

モノやコトを必要としている人に、届ける。あるいは必要を喚起する。つまり需要を作り出す。それがマーケティングです。コトやモノを人に届けようとするとき、ネーミングは尖兵となって突進します。旗印となって牽引します。

そのマーケティングの先陣が広告でしょう。広告の中で、ネーミングはその核として、最重要な地位を占めているのです。

すべてのモノやコトには、ネーミングがある。

あらためてこう書くと、当たり前でおもしろくもおかしくもない。しかし、逆にもし、すべてのモノやコトに名前がなかったら、と仮定して考えてみると、事態ははっきりする。どんなにそのモノやコトを説明しようと（広告しようと）、僕たちはそのモノにたどり着くことができないのです。

広告の主役は、ネーミングだ

いわゆる広告は、人をモノやコトに導くためにあります。写真やキャッチフレーズやコピーを駆使して人の心を掴み、その商品を覚えさせ、そのモノやコトのところに連れて行く。それが広告の役割であり目的でしょう。その広告作業の中にあって、ネーミングは水先案内の役目を果たすのです。ネーミングこそが、広告の伝えるべき目的であるのです。

ネーミングこそが、モノやコト自体であるからです。

さて。広告によって人はネーミングを記憶し、商品にたどり着く。そう気付くと、広告のすべての手練手管《てれんてくだ》は、ネーミングを覚えさせるためにある、といってもいいでしょう。

こんなＣＭがあります。

桃太郎や金太郎や浦島太郎などいろんな太郎が出てきて、奇想天外なドラマを繰り広げます。おもしろいセリフをしゃべって、僕たちを笑わせてくれます。あれはなんのためか。すべてａｕの「家族割」という商品（コト）を知らせて、好感を持って覚えさせ、加入させる表現です。私たちを誘う手練手管です。

今不用意にａｕの「家族割」と書いてしまったけれど、これがネーミングですね。広告表現の核であり、ヘソである。これなくして広告は立場がありません。あのＣＭは、僕たちに「好感を持ってネーミングを記憶させる」ためにある。極言すれば、「広告はネーミングを伝えるためにある」と言うことです。

インターネットでのマーケティングでも、同様な事態が繰り広げられています。ＰＣの、あるいはスマートフォンのあの小さな画面上で展開される広告に、たくさんの勧誘コピーは説得力を持ちません。画面によってはジャマでしかない。結果としてネット広告のコピーは短くなりつつあります。コピーが減って、表現がシンプルになれば、残るのはネーミングです。ネーミングだけがあればいい。もちろん有能なネーミングでなければならないけ

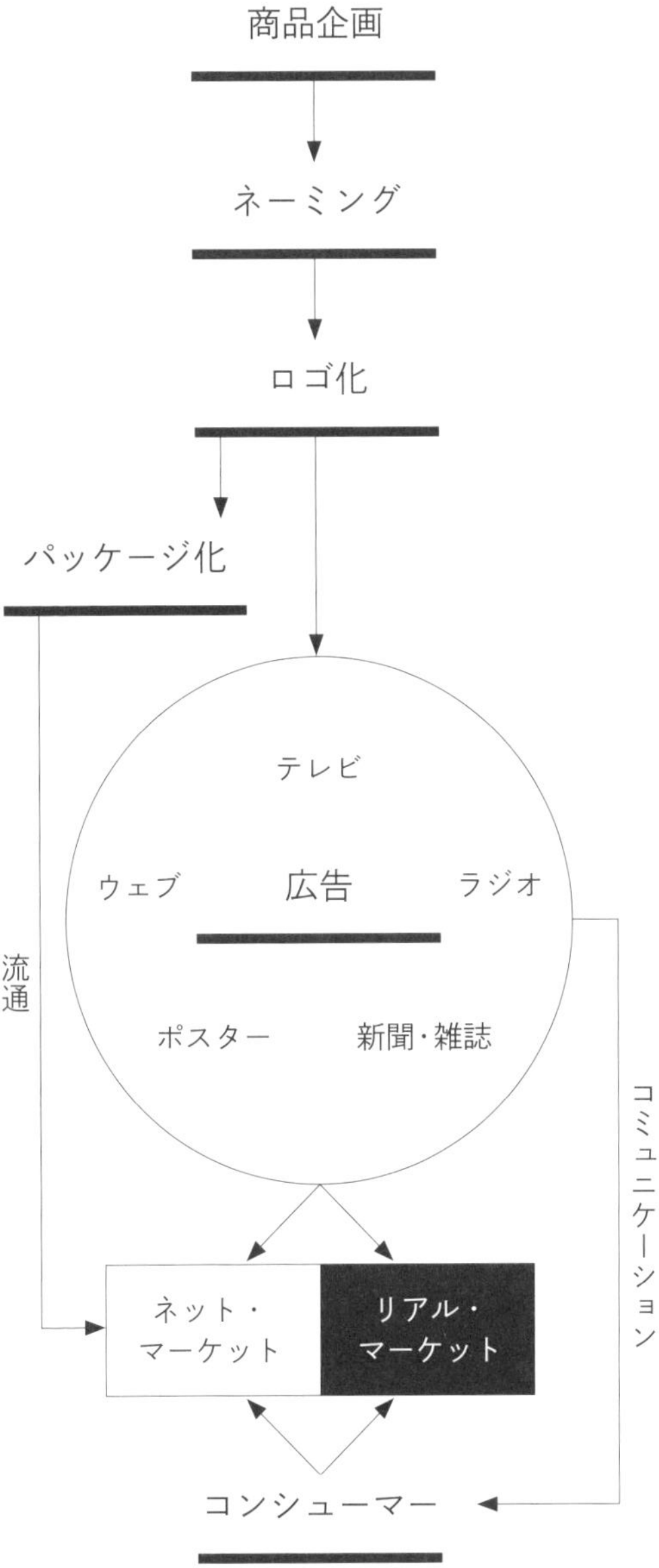
商品企画
ネーミング
ロゴ化
パッケージ化
テレビ
ウェブ
広告
ラジオ
ポスター
新聞・雑誌
流通
コミュニケーション
ネット・マーケット
リアル・マーケット
コンシューマー

れど。

ネットでも、ネーミングがいまや主役である、と言い切るもう一つの理由は、ネット検索が大問題だからです。いかに検索に誘い込むか。いかに検索しやすい言葉を提供するか。その命題の答えがネーミングなのです。本文でも触れますが、ネーミングがその商品（モノやコト）の特性を、いかに正確に魅力的に印象的に伝えるか。覚えやすく、呼びやすく、聞きやすいネーミングを作ることが、必須です。それが、検索に誘う必須条件でもあるからなのです。

マーケティングの舞台がどう変わろうと、ネーミングの役割はあくまで主役なのだということを、知っておいてください。

ネーミングは、パッケージの真ん中です

マーケティングの始発点は、パッケージです。生まれたてのモノは、裸の赤ちゃんのようなモノです。まだ無形で無名。製品（！）ではあるけれどもまだ商品ではない。

無名無形の製品は、パッケージに包まれることによって初めて人に接する姿を与えられる。裸ではなく、産着を着た赤ちゃん。製品が商品に成長して誕生する瞬間です。商品の

誕生。そのカギがパッケージです。モノが生まれたあとそれを包む産着、パッケージは世間に出ていくための、文字通り体を表す衣装です。意匠でもあります。

さて。そのパッケージはどんな顔、どんな衣装（意匠）にすればいいのでしょう。包んだ中身の特性を表現しなければなりません。その特性をまず言葉にして確認しなければ始まらない。その確認の核こそ、実はネーミングなのです。製品の特性を言葉で表現したのがネーミングですから、それこそがパッケージの素。ネーミングなしにはパッケージは始まらない。ネーミングは、つまりパッケージの素なのです。

パッケージ化の作業の最初の仕事は、ロゴタイプ作りです。ネーミングの図案化、デザイン化と呼べばいいのでしょうか。まだ音にすぎない言葉を、その言葉を形にする。図形化する。そのとき、ネーミングが表現している意味やイメージが具現化されるのです。そして、出来上がったロゴを中心にしてデザインが進められ、パッケージがオギャアと誕生するわけです。商品が生まれるのです。

こうしてネーミングは、マーケティングの素となって、大きく育ちながら広まっていく。そして、人の目や耳に届くのです。その結果、商品化された商品は、売れていく。これが、マーケティングの成り立ちといっていいでしょう。

子力規制委、 美浜３
TSUTAYA
SEIBU
COFFEE
渋谷駅前
TSUTAYA
TSUTAYA
本
WIRED
BUCKS COFFEE

毎日、無数のネーミングが生まれている

ところで、ネーミングは、世の中にいったいどのくらい存在しているのでしょう。ネーミングはさっき定義したようにモノ（製品）だけでなくコトにも及ぶから、１０００万は下るまい。単純に考えて企業の数だけでも、１００万単位で存在するから、その一社が10個程度持っていると仮定しても、と考えた結果です。

いや、今あらゆる商品のマーケットは、音をたててグローバル化している。ネーミングも世界を視野に入れて考えなければならない。何億といっても足りないのではないか。もう無数というしかない。

そうなると、総数を考えてもあまり意味がないかもしれない。僕たち日本に住んでいる者としては、今どのくらいの数のネーミングが生まれているか、その方が気になりませんか。新しく生まれている日々のネーミングの数は、どうだろう。一日１０００くらいかなあ。僕の勘です。

いずれにせよ、そんなに大量のネーミングが生まれるということは、大量の商品企画が進められ、大量の商品が生まれ、大量のネーミングが生まれているということなのです。

なぜ、そんなにたくさんの商品＝ネーミングが生まれるのでしょう。特に今なぜ、活発なのだろう。

僕は、過去に何回かの不況を体験してきました。2度にわたる石油ショック、バブル崩壊、そしてリーマンショック。そのたびにネーミングブームが起き、そのたびにネーミングは増加しながら世間の注目を集めてきました。そして、現在のアベノミクスによる経済停滞。久々のネーミング・ブームが押しよせてきました。

なぜでしょう。

不況で、ネーミングの挑戦が始まった

一つには、景気の後退が商品企画の活発化を促すからです。不況になるとモノが売れなくなる。需要が下降します。不況とはいえ、爛熟した資本主義の社会はすでにモノがあふれているから、なおさらです。みんな一通りモノを持っている。必要なモノはもうない。そんな気分になってきます。

そんな市場に打って出て、新需要を掘り起こす必要がある。需要を喚起しなければ企業は続けられないので、商品企画が活性化し新商品が氾濫するわけです。それも新しい魅力を備えた新製品開発が、ブームになってくる。付加価値を加えた新商品で需要を喚起しよう、買わせようと、メーカーは切磋琢磨するのです。

例えばビールでは、古くはモルツ、ライト味。近年では、ノンアルコール、糖質ゼロ、ノンカロリー。といった新しいコンセプトのビールが次々と市場に投入されて新マーケットを開拓して売上をキープ、あるいは伸ばそうと、必死の努力が重ねられてきました。そして、そうした新企画には、それにふさわしいネーミングが付けられていく。新製品の数だけ名前が必要だから、ネーミングも正比例して氾濫していく。

かくしてネーミングは新企画製品を売る尖兵となって、マーケットに突撃していく。ネーミングブームはこうして起こるのです。

新製品の氾濫は、一方でネーミングの形までも変化させていきます。従来品とは一線を画した特徴で、ユーザーに向けて魅力をアピールしなければなりません。従前の商品の群れの中に、際立った印象で登場しなければ、埋もれてしまうからです。

従来なら、ネーミングはイメージ的な記号としてあればよい。商品の特質=セールスポイントは、キャッチフレーズやコピーでその商品の新しい特質=セールスポイントを伝えるという仕組みでした。その結果、僕たちはその商品に好感と共感を持って、ネーミングを記憶する。その上で店頭に行って商品を手にする。という流れでした。

ネーミングとコピーの二本立て

しかし、新商品氾濫の時代になるとコピーもネーミングも氾濫する。商品の数だけコピーとネーミングが存在するからです。いったい、どのコピーがどのネーミングのためのものだったか、店頭に至るまでに覚えていられなくなってきます。

「恋は、遠い日の花火ではない。」という名キャッチフレーズは、何の商品のためのものだったでしょう？　というクイズに正解できる人は少ない。あなたはどうでしたか？　ウイスキーのコピーだと答えられたらいい方です。正解は、サントリーオールド。長年にわたって大量に広告を投入しても、広告がたくさんの賞をとったとしても、両者の関係は希薄になる。たとえそのコピーが記憶されてもネーミングは記憶されにくくなる。

理由は、商品の氾濫によって、キャッチフレーズとネーミングの氾濫が起きるからです。100個の商品には、100のコピーがあり、100のネーミングがある。どのコピーがどのネーミングのためのものか、という認知が難しくなるのです。

そこで情報の単純化が必要になってきます。コピーでネーミングを覚えさせるのではなく、ネーミングをコピーそのもののように作ってしまう。つまり商品が訴えたいことをネーミング一本に凝縮してしまう。コピーは補助的に補完的に添えるだけ。場合によってはコピーをなくし、ネーミングだけにしてしまう。といった事態が起こってくるのです。

「お〜いお茶」
1989年にネーミング変更
提供：株式会社伊藤園

ネーミングはコピー化する

「ちゃんとちゃんと。ＡＪＩＮＯＭＯＴＯ」これはコピーとネーミングの組み合わせです。商品のコンセプトは、「ＡＪＩＮＯＭＯＴＯ」というネーミングだけで充分表現されている。「ちゃんとちゃんと」は補完的なコピーです。コピーとネーミングがセットになって情報記憶される仕組みです。

「お〜いお茶」はコピーそのものをネーミングにしてしまった。キャッチフレーズに心を掴まれたと思ったら、それだけ覚えておけば、商品に到着できるわけです。

余談ですが、このネーミングはかつてキャッチフレーズ（コピー）でした。ＣＭでおじいさん（往年の名優、島田正吾さんが演じていた）が画面に向かって「お〜いお茶」と呼びかけます。これがコピーです。たぶん相手はおばあさんでしょう。画面には現れません。そしてパッケージがどんと決まる。そのときのネーミングは「缶入り煎茶」でした。これだとコピーに共感して覚えても「缶入り煎茶」に到達できないかもしれない、と伊藤園は考えたのでしょう。

そこで、一気にこのコピー「お〜いお茶」をネーミングにしてしまった。「お〜いお茶」という名前の商品を作ってしまった。これなら、テレビＣＭを見て「お〜いお茶」というコピーに共感して、覚えて、自動販売機の前に立てば、そこに「お〜いお茶」という名の商品があるわけです。間違えようがない。

コピーとネーミングを統一した画期的な事件でした。先に例を引いたサントリーオールドの「恋は、遠い日の花火ではない。」におけるコピーとネーミングの乖離と比較してみてください。ネーミングとキャッチフレーズの一体化の意図を分かってもらえたでしょう。

パッケージの広告化を目指す

こうした表現の変化、進化の陰で、もう一つのドラマが繰り広げられます。たくさんの新商品を発射させるなかで、広告費の問題が登場します。新商品の数は増えるのに、不況だから広告費は増えない。むしろ減少する、という事態が起こる。すると、広告を出してもらえない商品が生まれてくる。

発売に際して「広告してあげられないから一人でがんばりなさい」と突き放されるモノが出てくるわけです。さあ、どうするか。その商品は自己紹介を一人でしなければならなくなるのです。どこで自己紹介、自己アピールをするか。

パッケージの上でするしかありません。お店の棚の上でパッケージから大声をあげてアピールする。つまりパッケージを広告媒体として、そこに思いのすべてを表現しなくてはならない。パッケージの広告化を目指さざるをえないのです。

パッケージを広告メディアとするのなら、そこに書かれている言葉は、広告コピーです。コピーそのものがネーミングにならざるをえない。コピーのネーミング化がこうして具体化するのです。

さて、こうしたネーミングの自立はどんな言葉でなされてきたのでしょうか。その姿は、時代によって変わっていきます。表現する内容も、表現方法も変わっていきます。進化していきます。ネーミングは、まさに時代を映す鏡といってもいいでしょう。

そんなネーミングの挑戦をいろんな角度から眺めてみたのが、第2章です。僭越ながら、ネーミングに関わった最初のコピーライターといわれている僕、岩永のネーミング作史の流れを軸にして、様々な角度から振り返ってみました。

第3章は、その時々のニュースなネーミングを取り上げながら、時代が生んだネーミングの意義や性向を分析しました。ネーミングの表現や作法を観察しつつ、考察しました。

第4章は、ネーミングの作法。マーケットと時代の変化に対応するネーミング作り。岩永が開発したネーミング作法を開陳します。ネーミング作りのＨＯＷ ＴＯです。

こんなストーリーで本書は展開します。盛りだくさんの、いわば、ネーミングのNOW&THENとHOW TO MAKEです。

商品企画に関わる人、マーケティングや広告に関わる人、それらを目指す人にぜひ読んでもらいたい。いいえ、日々ネーミングに触れてモノやコトに出合っているすべての人に、ページを繰ってもらいたい。そして、「ネーミングって、こんなにおもしろくて魅力的なものなんだ！」と目覚めてもらえたら、こんなにうれしいことはありません。

2

ネーミングはブランディングだ

そもそも、BRANDという言葉は、牧場の牛や馬に付ける目印のこと。焼きごてでジューッと押して、その牛の属している牧場を表す烙印のことです。他の牧場との区別化、アイデンティティの目印を、BRANDと呼んだのでした。

今日いうところのBRANDとは、広くモノやコトに記されるイメージの烙印です。これをどう作り上げていくか。どう広めていくか。それが、ブランディングといえるのです。

ブランディングの出発点は、そのモノやコトの持っている特性を策定して、そこから、他ブランドと一線を画す、くっきりとした姿を作り上げることです。一つに凝縮した意味やイメージを、人々の心の中に鮮やかな姿として定着させていく作業。そしてやがて、世間に、社会に、鮮やかな確固たるコミュニケーションの主役を作り上げることに他なりません。

そうしたブランディング活動の種となるのが、ネーミングです。先に書いたように、ネーミングがロゴ化され、パッケージに記され、広告の翼に乗って人々の心へ、と飛翔していくからです。マーケットへ、世界へ、伝播してブランドが成就するのです。完結するわけです。その種作り、ネーミング作りから、ブランディングの長い旅は始まるといってもいいのです。

イメージ・ブランディング

さて、ブランディングの種であるネーミングの作り方には、大きく分けて二方向あります。一つはイメージ的な方向です。

そのモノやコトの機能や特質やメリットを、意味で表すのではなく、イメージ的かつ記号的な言葉で作り上げます。「ブルーバード」「セドリック」「クラウン」「コロナ」などなど、昔生まれたクルマのネーミングに多いです。

これらは、その特徴を訴えているのではありません。青い鳥のようだ、小公子のようだ、冠のようだと、視覚的なイメージで例えています。他と区別する目印的な、記号的な言葉にすぎません。

1980年代以前の洗濯機のネーミングもそうでした。

「青空」「銀河」「うず潮」「琵琶湖」……。どれも、「水で綺麗に洗う」という洗濯機の役目のイメージ表現。同じ概念です。言い方を変えて、目印的、記号的に区別しているわけです。それがその後、「からまん棒」や「最洗ターン」「ななめドラム」などに変化していきます。機能をアピールするようになっていきます。

「NIKE」は、グローバルブランドとして典型的なイメージ・ブランディングです。

「サモトラケのニケ」

「NIKE ロゴ SWOOSH（スウッシュ）」
提供：株式会社ナイキジャパン

「NIKElab Cortez '72SP」
提供：株式会社ナイキジャパン

NIKEとはギリシャ神話に出てくる勝利の女神NIKE《ニケ》（ナイキは英語読み）。翼を持った美しい女神です。スポーツをするすべての人が目指すのは勝利である、ということをコンセプトに置いて、そのことを象徴的かつ比喩的に表現しています。ちなみにロゴマークは彼女の翼のデザイン化。まさにイメージ・ブランディングです。

大規模な商品や施設、半永久的な存続を目指すモノやコトにふさわしい。だから、クルマや大型家電などのグローバル・ブランディングに、この傾向が強く見られます。

メッセージ・ブランディング

二つ目は、イメージではなく逆に、特質や機能、場合によっては理念や思想を言葉として打ち出して、他との差別化、区別化のコンセプトを訴求する方向です。いわば、メッセージ・ブランディング。そのモノやコトの意義や役割を訴求する言葉で示すネーミングです。あくまで意義を核として展開する。それがメッセージ・ブランディングと呼ぶ方向なのです。

そして、先に述べた、不況による商品企画の活発化、多様化によって促されてきたネーミングのコピー化は、全盛を迎えることになります。

こうして、ブランディングの種を、モノやコトの特質からひねり出すことが必須となるのです。多様化する商品群の中で際立つ企画の意義、刻々と変わる時代の空気を敏感に察して応えようとする意思といったものが、色濃く反映されていきます。角度を変えていえば、その時その時の人々のニーズが企画のテーマになっていく。そのテーマを言葉化してネーミングを作り、ブランディングの第一歩としていく。このメソッドを、メッセージ・ブランディングと呼んでみました。

では、いよいよこの二つのネーミングの昨今を、ブランディングの流れに沿って探ってみましょう。

ネーミング今昔　part.1

イメージ・ブランディングの流れ

この章の最初に書きました。ブランディングには2つの流れがある。一つはイメージで表現していく流れ。もう一つは、意味や特徴や理念で訴求していく方向。ブランディングのこの二つの流れに沿って、ネーミングも表現を変えてきました。

ここでは、その一つである「イメージ・ブランディングの流れ」を探ってみました。

意味や特徴を、ネーミングにするのではなく、あくまでもそれらしいイメージで表現していく。

だから、ブランディングの核であるネーミングは象徴的な表現で出発します。言葉を記号として機能させながら、差別化、区別化を目指していく。かつては、これがネーミングとブランディングの主流でした。

このメインストリームを、ネーミング作史をたどりながら振り返ってみます。

「戦艦大和」から「Tango」へ

ネーミングはシステムを目指す。

「戦艦大和」1941年　提供：大和ミュージアム

「コンテッサ」
「バロン」
「ヴィスコンテ」
2002年、2004年、2006年
提供：株式会社岡村製作所

かつて驚くべきネーミングの体系化があった

「大和」といえば戦艦である。広島県の呉市で建造された。僕はその町で生まれた。すり鉢のように丘陵が囲み、その底に軍港がある。そこで大和は生まれました。僕はもちろん、その姿を見ていないが、幼ごころにその名前を刻んだような気がする。もしかしたら、いやたぶん、戦争が終わって高学年になってから知ったのかもしれない。初出航の沖縄沖であっという間に轟沈された悲劇の戦艦大和のことを、戦争中には知る由もないのですから。

問題は、名前です。ネーミングです。なぜ、大和なのか。

日本帝国海軍の戦艦は、すべて旧国名であった。武蔵、常陸、陸奥、加賀、長門、そして大和。その名前を見ただけで、聞いただけで、戦艦と分かるのです。

戦艦だけではない。第一巡洋艦は山の名前。すなわち、赤城、鳥海、摩耶……など。第二巡洋艦は川の名前。すなわち、天龍、利根、最上……などなどでした。そして、砲艦は名所旧跡。明石、橋立などを連ねた。

それだけではない。駆逐艦のネーミング。これには目を見張った。感動的でさえある。形式によって、次のように命名されていたのでした。

雪の名前：白雪、初雪、吹雪、深雪

雲の名前：群雲、東雲、薄雲、白雲
波の名前：磯波、浦波、綾波、敷波
霧の名前：朝霧、夕霧、天霧、狭霧

その美しい名前の艦が、洋上を疾駆し、縦横無尽に戦ったのである。名前を呼ぶことでフォーメーションを各艦に伝え、名前を動かすことで戦略を遂行したのであった。ネーミングが艦たちのコミュニケーションを即座に可能にし、作戦の具体化を表現したのです。ネーミングが戦争をしたのです。

驚くべきネーミングシステム。ネーミングの機能に対する先見をもって、このネーミングシステムを作ったのは、日本海軍の父といわれた山本権兵衛です。明治三十八年、天皇にプレゼンテーションをして、御意を得て具現化したという。

統一ネーミングによるブランディングの流れ

マーケティングは、しばしば戦争になぞらえられる。戦略だの作戦だのフラッグシップだのと、用語からして戦争もどきである。その現場が似ているからでしょう。

商品アイテムがべらぼうに多く、その分類が多岐にわたる場合、ネーミングが大混乱していることが多い。

例えば車。排気量別、ユーティリティー別、グレード別など縦割り分類があって、その中の1車種がライフスタイルなどに合わせて様々なバージョンを生んでいく。新型車が生まれるときは、その車のコンセプトだけを必死で追いかけるから、同類の、あるいは同系のネーミングがどうなっているか、会社全体のネーミングがどう分布しているのか、ということまでは意識が至らない。結果として、てんでんばらばらなネーミングの大氾濫となる。競合他社も同じことを繰り返しているから、消費者にとって、どのネーミングがどの会社のものか、なかなか区別がつかないという混乱が起こる。

家電業界や食品業界も、同じです。ネーミングの無秩序な作りすぎが、現代の商品開発氾濫時代の最大の悩みかもしれません。

ネーミングがブランディングの尖兵であることはいまや常識である。明確なブランドイメージの確立を目指すためには、ネーミングのグルーピングともいうべき整理整頓が、メーカーごとに必要な時期にきているのではないだろうか。

ならば、このようなネーミングシステムのアイデアを生かす企業が出てきても不思議はないのに、例は少ない。

「Tango」「Rumba」「Bolero」。ニッサンの「MARCH」のバージョンネーミングです。ラテン音楽の名前のシリーズだ。音楽といえばホンダの「ACCORD」

「PRELUDE」「TACT」「BEAT」たちも。トヨタもかつてCを頭文字とするネーミングにこだわったことがある。「COROLLA」「CORONA」「CALDINA」「CARINA」「CAMRY」……。しかし、似すぎてかえって混乱しそうでもありました。

そんなことを考えていたら、オカムラのイスの広告に出合った。「Contessa」「Baron」「Visconte」。伯爵夫人、男爵、子爵である。同じメッシュチェアーの微妙なデザインの違いを、爵位の違いで表現してシリーズ化した。グループ商品の統一イメージブランディングの一例であった。

「LOS COS MOS」から「六本木ヒルズ」へ

街のネーミングたちは進化する。

「ロスコスモス」

「渋谷マークシティ」2000年

始まりは、不思議なスナックバーのネーミング

六本木に不思議なスナックバーが生まれました。１９７０年代の終わり頃です。

僕が「11ＰＭ（日本テレビ系の深夜番組）」で広告作りのパロディをやって、その第一回ふんどしキャンペーンで「Ｊａｐａｎｔｓ」とネーミングした直後でした。ネーミングといったって実はテレビの中でふんどしに名前を付けただけなのに、早速グラフィックデザイナーの**小島良平**さんから電話があって、「新しくできるお店なんだけどさ、ネーミングしてくれないか」と、注文されてしまった。

そのスナックバーがどう不思議かといえば、三フロアあって各階のインテリアデザインが各々違う。デザイナーは、**内田繁**さん、**三橋いく代**さん、**倉俣史郎**さん。すごいメンバーでしょ。でも当時はまだ駆け出しでした。小島さんが倉俣さんの友達だったことから、店名のことが持ち上がったのでした。

で、それぞれが、テーブルバー、ピアノバー、カウンターバーをデザインして競う、という仕掛け。しかも全体は一つの店であるというんですね。三つの空間が一つの宇宙を形成する、というわけですよ。

三つがそれぞれ違ったネーミングで、しかも全体が一つに集約されたネーミングにしたい。これが注文なのでした。

小島良平
のちに広告史に残る伊勢丹のシリーズ広告を担当。終生僕のパートナーデザイナーだった。

倉俣史郎
世界のＫＵＲＡＭＡＴＡとして、インテリアデザイン界で名を知られた。ガラスの椅子デザインで、頂点を極めた。

内田繁
三橋いく代
夫婦で名を轟かせたインテリアデザイナー。ショップデザインを中心に活躍。世界のデザイン賞を総なめにした。

「ＬＯＳ　ＣＯＳ　ＭＯＳ」

これが、僕が付けた名前でした。

三つがそれぞれ違う名前で、しかも全体で一つ。頭の一字だけがＬ、Ｃ、Ｍと違うだけで、似ているでしょう？

全体で「宇宙」という意味のスペイン語。花のコスモスでもある（もっとも花のコスモスは、もともと宇宙という意味なのですが）。

都市から丘へ、シティからヒルズへ

小島さんがそのロゴをデザインした。これがまた、いい感じのロゴだったなあ。六本木の交差点から青山方面に向かって１００メートルほど行った右側にありました。

規模は小さな、スナックバーのネーミングでしたが、これが僕の「注文を受けた最初の仕事」になりました。ネーミングの初仕事です。しかも、施設ネーミングの処女作。施設のネーミングは商品のそれと違って、後々まで残るという点で感慨深いものがあります。

それから、ずいぶん施設のネーミングをやりましたが、「ＬＯＳ ＣＯＳ ＭＯＳ」みたいにうまくはまった快感を味わえたものは、なかったような気がします。

「新宿マイシティ」
1978年改築して名前変更

その直後に作った「新宿ＭＹＣＩＴＹ」も、今はもうない。同じＪＲ系の「ＬＵＭＩＮＥ」に吸収されてしまいました。でも、当時としては一つの施設にＣＩＴＹと名付けたことが画期的だった。そして、その後の○○ＣＩＴＹ、××ＣＩＴＹという「ＣＩＴＹネーミング」氾濫の先駆けになったのでした。

○○ＣＩＴＹと書いて思い出した。「○―○―ＣＩＴＹ」というのもあったなあ。ずっとあとに関わった渋谷の「ＭＡＲＫ ＣＩＴＹ」や「ＣＥＲＵＬＥＡＮ ＴＯＷＥＲ」なども思い出される。

こう見てくると、ＣＩＴＹからＨＩＬＬＳへ、ＴＯＷＥＲを取り込みながら変遷を続けていることが分かります。

施設は巨大になればなるほど、平凡になっていくのだろうか。思い惑いつつ、ふと見上げれば「六本木ヒルズ」が、天から迫ってきます。六本木ヒルズのあとに「表参道ヒルズ」「虎ノ門ヒルズ」が続いた。

ＣＩＴＹからＨＩＬＬＳへ。ネーミングの表情が、時と共に移り変わっていきます。

「NIJICO」から「TSUBAKI」へ

虹と花が、日本語で咲きました。

「TSUBAKI」2006年
提供：株式会社資生堂

同窓生から頼まれたネーミング

八十島くんという古い友達がいます。新宿高校という超環境の悪い学校で、彼はバレー部、僕は美術部でした。大学も同じ早稲田。ただし、彼は理工学部化学科、僕はなぜか政治経済学部新聞科でした。卒業後、彼は製紙会社に入ったけれど、間もなくお父さんがなくなって、家業の朱肉会社を継ぎました。「ツキネコ印」という名前の朱肉で、けっこうその世界では有名なブランド。月と猫のかわいいイラストがロゴマークです。

そんな彼から、頼みがあると電話が掛かってきました。まだ僕もコピーライターのかけだし。彼も会社を継いで必死の時期です。

「この業界に来てみて分かったんだけど、朱肉だけじゃ先が知れてるんだ。で、スタンプをやりたいんだ。スタンプ台。それも単なるインクじゃなくて、朱肉をスタンプ化したいんだなあ。デザインもモダンにしてさあ」

という次第で、僕がネーミングを考えることになりました。要するに洒落たスタンプ台に朱肉パッドが入っている。しかもインクのようにサラッとした感触ではなくて、ねとっとした朱肉のあの感触。これはもう、そのニュアンスが伝わらなくちゃだめだよ、というわけで、

「ＳＴＡＭＰＮＩＣ（スタンプニック）」

と名付けました。

スタンプ台はまるでイタリアのものかと見まがうばかりの斬新なデザイン。これが売れに売れました。たぶんこれが、僕が仕事としてやった最初のネーミングだったのではないかしらん。「新宿ＭＹＣＩＴＹ」や「からまん棒」を作ったより前だったような気がする。最初の仕事というのは、友達とのつながり。どんな業界でもそんなものかもしれません。建築家も最初の作品はたいてい、親や友達の家だそうだから、僕のネーミング経歴がそんなところから始まったのも、妙ではないでしょう。

nijio
energy innovator

「nijio」2002年

「NIJICO」
提供：株式会社ツキネコ

七色の虹のようなスタンプ、その名もニジコ

八十島くんは、次々とアイデア製品を生み出しました。なかでも大ヒットしたのが七色の縞模様のスタンプ。これが年賀状やグリーティングカードを作るときのイラスト用スタンプとして喜ばれ、爆発的に売れた。のちに海外でも人気を博し、とうとう専用の工場をシアトルに建ててしまった。世界進出です。その発展の一端を担ったのが、ネーミングだったと自負しています。それが、「NIJICO」でした。

七色のスタンプパッドを虹に見立てたネーミングです。日本語は海外で通じないぞ、という八十島くんの反対を押し切って決めたネーミングでしたが、音《おん》がかわいい。「なるほどnijiってrainbowなんだ」という話題性が受けて、海外でもグングン知名度を上げたそうです。和名を英字表記するのが、近年トレンド（TSUBAKIとかsuisaiとかHADA・KAとかコスメ系で花盛り）ですが、我ながら先見の明があったもんですね。

あれから三十年以上が経ちました。NIJICOはパソコンの普及でやや伸び悩んではいるけれど、今でも健在、健闘しています。

ところで、2002年に生まれた東京ガスとシェル石油が作った天然ガス会社「nijio」も美しいネーミングですね。三つの点が意味深そう。NIJICOとはジャンルもスケールも違いますが、大好きなロゴです。

「IMA」から「OAZO」へ
今からオアシスへ。

「光が丘ライフステーションIMA」1987年

「丸の内オアゾ（OAZO）」2004年

複合商業施設の先端ネーミング

東京の練馬区に、光が丘という広大な団地がある。戦前は練兵所があったとか、飛行場だったとか、聞かされていました。その跡地が団地になっている。そこに、今でいうコンプレックス商業施設ができることになりました。１９８０年代半ばでした。

練馬区をあげての大プロジェクトです。西武百貨店を中心に据えて、劇場、映画館、図書館、ホールなどなど。文化的な施設の数々が、一つのビルに結集する。

さて、その名前をどうするか。

練馬区長を座長にして、住民の中か

らいわゆる文化人を集めてネーミング委員会が作られました。たしか『宇宙戦艦ヤマト』などを手がけた漫画家の松本零士さんや歌人の俵万智さんがメンバーだったように記憶しています。

その委員会で僕がプレゼンテーションしました。何度も提案を繰り返していろんな案を出したのだけれど、結局、初めのプレゼンで提案した中から、決まりました。

「IMA」です。

どう説得したか。どう納得してもらったか。今では記憶もおぼろですが、委員会でだいたいこんな主旨を僕は述べました。

「えー、IMAは『今』です。IMAGINATIONの頭文字でもあります。反対から読むとAMI。フランス語の『友達』です。それより何より、NERIMAの中にはIMAがあります、ほらお尻にね。今日はもちろん、明日も来年も、いいえ十年先でも『今』です、いつまでも最先端、という気持ちを込めて」

てなことを言って、委員たちを煙に巻いて（？）決めました。いや、正々堂々の説得だったと思いますよ。少なくともちゃんとした意図を込めてネーミングしようという姿勢が見えますね。

ロゴがまたよかった。赤と青の積み木のような文字。さすがロゴの達人、伊藤勝一さんの作品。あったかい美しいデザインでした。

コンセプチュアルなネーミングの後裔「ＯＡＺＯ」へ

さて。こうしたコンセプチュアルなネーミングの先輩格は「ＰＡＲＣＯ」あたりでしょうか。商業施設を「公園」に喩えたところが新鮮だった。商業施設などというものは、それまではだいたい企業名を冠していました。丸井とか西武とか伊勢丹とか。いわば屋号ですね。それか地名。「丸ビル」とか「渋谷中央街」。あるいは地名と屋号を合体させた「日比谷日活ビル」のようなスタイル。それが次第に様変わりし始めたのが、「ＰＡＲＣＯ」あたりからだったような気がします。

施設名のコンセプチュアルな系譜。つまり「ＰＡＲＣＯ」や「ＩＭＡ」などの後裔は、近年生まれた丸の内の「ＯＡＺＯ」あたりでしょうか。

日本一の売り場面積と本の在庫を誇る「丸善」と、歴史ある「丸の内ホテル」と様々なショップ、レストランの複合施設です。

「ＯＡＺＯ」とはエスペラント語だそうです。あの「オアシス」のことだそうです。ロゴは、デザイン界の大御所、**仲條正義**さんです。

仲條正義
資生堂のデザインを長年リード。

「ｓａｉｔａ」から「ＳＩＮＲＡ」へ

咲いた咲いた、森羅万象。

「サクサ株式会社」2004年
提供：サクサホールディングス株式会社

平成不況の中での新雑誌創刊だった

もうずいぶん昔のことだったような気がしていたのだが、まだ二十年と少ししか経っていないのか。ネットで調べたら、１９９５年秋の創刊とある。

バブルがはじけて、平成不況真っ只中。その逆風を突いて、新雑誌を出す。それも、あまり類のない生活情報誌。しかも、書店で売るのが主体ではなく、書店以外の店で売るという、売り方のシステムも変える雑誌でした。

前例がなかったわけではありません。『オレンジページ』。セゾン系の生活情報誌として、すでに確固たる地位を築いていました。系列のスーパーマーケットなどでも売るという販路のユニークさでも、先達でした。

こちらは後発です。しかも、同じような販路戦略でデビューさせるという。母体はイトーヨーカ堂。傘下にコンビニエンスストアのセブンイレブンや、ファミリーレストランのデニーズがある。それらの全国の店で仮に一日一冊ずつ売れただけでも、すごい部数になるという目論見である。

さて、そのネーミングです。先陣のセゾン系が『オレンジページ』。果物のページ、とはユニークな合成語だ。これに対抗するには……？　という次第でありました。

社名にも、日本語ローマ字表記はじまる

暮らしの新しいスタイルが始まる、という雑誌の理念を込めたネーミングで、『オレンジページ』に負けないものを、となると、もう日本語しかないな、と思った。それも漢字やひらがなではなく、ローマ字表記の日本語。生活先進のイメージを込めて『ｓａｉｔａ』が誕生した。いうまでもなく「咲いた」です。

「食が咲いた。衣が咲いた。
住が咲いた。愛が咲いた。
暮らしが咲いた。
人が咲いた。
そして明日が咲いた。」

といったようなコピーを添えて、提案した。

その新雑誌の総責任者、イトーヨーカ堂の取締役、水越さくえさんにプレゼンテーションをして、決断決定をみた。

その後、日本語のローマ字表記の雑誌名は『dancyu』『SINRA』『ku:nel』などと続くが、その頃はまれだった、というより、なかったような気がする。

ところで、『saita』に添えたコピーの記憶を手繰って書いているとき、その後似たようなネーミングを僕は作ったぞ、と気が付いた。こちらは雑誌名ではなく社名です。

「saxa」

田村電機と大興電機の合併で生まれた新会社の社名である。字面だけを見ていると、硬質先端のイメージ。しかし、これは「咲くさ」のローマ字表記なのです。そして、新社名の意味を印象づけるために、こんなコピーを添えた。

「明日が、咲く。saxa」

『saita』
(2016年12月号)
1995年創刊

とうとう「日本語ローマ字表記ネーミング」は、社名に至る。ネーミングは、こんなところでも様変わりしてきました。

「木ツツ木」や「CIVIC」から回文ネーミングたち。

岩手県、釜石の日曜大工屋さん

日立の「からまん棒」も「ワンドリー」も六本木スナックバーの「LOS COSMOS」も、どれもみんな小島良平さんと仕事をした。僕のネーミングのロゴは、ほとんど彼の作品です。ネーミングとロゴの関係だけでなく、そこからスタートした広告のほとんども二人で作ってきました。

ひょんなことから「Japants」を作るきっかけを与えてくださった師・**土屋耕一**さんの仲立ちで、たしか明治ココアの仕事で出会ったのが最初だったと思う。二人ともまだ三十代になったばかり。小島さんは伊勢丹の仕事で広告界の最先端を突っ走っていた頃です。

ある日、「田舎の親戚が日曜大工の店を始めるんだけど、名前がないんだ。付けてやってくれないか」と電話が掛かってきた。いや、たしか親戚だったと記憶しているが、聞き

土屋耕一
近代コピーの創造者。資生堂や明治製菓や伊勢丹などの広告でコピーの黄金時代を作った。

違いかもしれない。でも、釜石の郊外、という点は間違いなかったと思う。まあ、そういうわけで、とにかくＤＩＹ（Do It Yourselfの略。当時はまだ、そんな呼び方はなかったような気がする）の店であった。

今となっては、どんな案を作ったか、記憶もないし記録もない。手元にこのロゴが残っているばかりです。

覚えているのは、いろんな表記を考えたこと。ロゴを作るまでに様々な記述を試したことを、はっきりと覚えています。

啄木鳥　木突つき　きつつき　キツツキ　木ツツ木

元はといえば、岩手県だから石川啄木が浮かんだところから、啄木鳥に至った。一方、大工仕事は木を突つく。啄木鳥。頭の中で啄木と合体しました。

さて、こう並べて見ると、見た目も回文になっている。上から読んでも下から読んでも「きつつき」です。そんなところに目がいったのも、回文の名人、土屋さんの影響があったのかもしれません。ちなみに『軽い機敏な仔猫何匹いるか』（角川書店）は、土屋さんの名回文集の題名。気が付きました？　この題名も回文ですよ。

「CIVIC」
提供：本田技研工業株式会社

「木ツツ木」

回文のネーミングは、ロゴと結婚しやすい

まあとにかく、「木」をちゃんと明示した方がいい。「木」が二つも入って、日曜大工店の性格、コンセプトがストレートに伝わる。しかも左右対称の回文だから視覚的に強い。一度見たら忘れない。というわけで「木ツツ木」と命名されたのでした。

しかし、ネーミングで回文というのは、なにも僕の専売特許ではありません。けっこう例がたくさんある。

たとえば「CIVIC」。Vを真ん中にして見事な対照。回文です。「XANAX」はスポーツ用具会社のネーミング。これも端正な姿をしているでしょ？　短いのでは生命保険会社の社名「AXA」。まるで記号のようで視覚的に強い印象です。「エッセ」「ワウワウ」「アビバ」と仮名で書いたり読んだりでは分かりませんが、ローマ字で書くと、

「ESSE」「WOWOW」「AVIVA」

上から読んでも下から読んでも、おんなじ。英字の回文。「SUMUS」は偉い。英字でも仮名でも回文です。

仮名にすれば「スムス」。でしょ？　漢字で書けば、「住む巣」？　かな。不動産会社の名前です。

「ORO PARK」から「PARCO」へ

公園好きのネーミングたちです。

「博品館TOY PARK」1978年

「PARCO」池袋パルコは1969年開業

盛岡の競馬場が生まれ変わった

盛岡は縁が深い。「川徳」というデパートのいろんな広告や「桜顔」というお酒のCMソングを、かつて書いたこともある。通っているうちに、土地と人がすっかり好きになって、そのうち毎年のようにスキーに行きました。

そんな縁で競馬場のネーミングを頼まれることになりました。

その三、四年ほど前に、浅田次郎の『壬生義士伝』（文藝春秋）がブレイクして、新撰組の吉村貫一郎がこの地の風景と人間をブームにしたときは、他人事に思えなくて入れ込みました。幕末の波に翻弄される南部藩を背負って立つ大野次郎右衛門がまたよかった。小説の最後を締める、次郎右衛門の長文の手紙には涙が止まらなくなった。候文《そうろうぶん》の傑作です。

以上、そんな話はもちろん余談である。ただ、その時代から愛された南部駒たちが競い続けた競馬場だ。そのリニューアルである。そう思うと気持ちが勇み立った。おセンチになった。

もともと岩手は馬の名産地です。それだけに競馬の歴史も古い。盛岡の郊外の丘の上にある盛岡競馬場を一新して、日本一の、いや東洋一の競馬場に作り上げる、というのです。調べていくにつれて、その地は古くは、南部藩の財源を担っていた貴重な金鉱があった所だということが分かった。その跡地に設けられた馬場なのだと。ほーう、金か。ゴールドか。これをテーマにしない手はないぞ、ということになった。

東北の金である。金の公園である。金のヘリテージ（遺産）の上を南部駒が走るのだ。

金の公園、誕生す

ラテン語で金はＯＲＯである。Ｒをはさんで０が二つ。南部駒の顔のようではありませんか。ここはやはり岩手が生んだ鬼才デザイナーにロゴを頼まなくてはなるまい。というわけで、ここでも小島良平さんの登場。見事なロゴを作ってくれた。そしてその展開、サイン計画すべてが見事に花開きました。

市内からなだらかな坂を登っていく道沿いに、美しいバーナー（旗）がはためく。導かれて到着すると、まさに東洋一の競馬場が、見事な姿を現す。

手前味噌だが、「ＯＲＯ ｐＡＲＫ」は、ＰＡＲＫがミソだったと思う。競馬場を公園に見立てたネーミング。単なるレース賭博の場ではない、エンターテインメントの空間である、と主張したのです。

そういえば、その昔、ＰＡＲＫと名付けた施設があったぞ、と思い出した。そちらは、

「ORO PARK」1996年

東京銀座のど真ん中。「博品館」のあるオモチャの建物である。「TOY PARK」。最上階の劇場「博品館」を除くすべての階をオモチャで埋め尽くす、当時としては画期的なお店の誕生だった。原宿のキディランドが「LAND＝島、国」とでっかく主張するなら、こちらはPARKでいこう。「オモチャの公園だい！」というネーミングだった。ファッションの公園「PARCO」が生まれた頃の話です。たしかにPARCOは、全国に公園＝PARKを冠したネーミングが広がっていく先駆けだったかもしれない。

その後、「PARK＝公園」はマンションのネーミングを席巻する。各マンションメーカーはこぞって公園＝パークを標榜していく。「パークマンション」から始まって「パークシティ」「パークホームズ」「パークスクエア」「パークハウス」……。パークハウスは上級シリーズと銘打って「ザ・パークハウス」まで登場させる。

いまや「公園」の大盤振る舞いである。

「乱」と「元気甲斐」

甲斐の乱は、続く。

一文字で多重の意味を表現せよ

「乱」は言わずと知れた黒澤明監督の名作映画です。その「乱」の衣装デザインでアカデミー賞を獲ったワダエミさんの衣装展が、青山のお寺で行われた。近作の「LOVERS」に至るまでの絢爛たる映画衣装の陳列は壮観でした。それは余談。問題は「乱」のネーミングです。その一文字を見たときの衝撃は、今でも忘れられません。

ポスターのほとんど全面を占める「乱」の一文字。映画のタイトルがこんなに大きく主役を張ったことが、かつてあったでしょうか。目を奪われて、そのポスターの前にしばらく立ち尽くしたことを覚えています。

ご存じのように「乱」はシェークスピアの『リア王』の翻案。父子兄弟の相克を凝縮した物語です。あの多重構造の重厚な物語を、わずか一文字で表現したことに舌を巻きまし

伊丹十三
映画監督。「マルサの女」「スーパーの女」「お葬式」などで映画界に新風を吹き込んだ。エッセイストでもあった。

山本益博
日本で初めての料理批評家となった人。舌の天才。味覚の鬼才。

田崎真也
日本のソムリエの草分け。1995年に世界最優秀ソムリエコンクールで、日本人として初の優勝を遂げる。

た。一文字というのは、たしかに映画のタイトルとしてはあまり例がなかった。しかしむしろ、その強烈な印象はロゴのせいだったのではないかと、今では思っています。墨痕（白ヌキですが）で鮮やかに描かれたロゴ。いいえ、書です。この文字の躍るさまが、映画の内容を余すところなく表現し尽くしていたのでした。

この一文字を書いたのは今井凌雪さん。「蜘蛛巣城《くものすじょう》」や「影武者」など黒澤映画のほとんどのタイトルを手掛けた書家です。

伊丹十三さんの鶴の一声で決定

話はその翌年に飛びます。テレビ朝日に「愛川欽也の探検レストラン」という番組がありました。その中で、駅弁を作ろうという企画が生まれました。山梨県の小淵沢駅に出そう。何しろ登山の乗降客がとても多いのにろくな駅弁がない、ということが調査で分かった。出すならここしかない。地元の駅弁屋さんを口説いて、商品企画を始めました。アドバイスするのは**伊丹十三**さん、**山本益博**さん、**田崎真也**さんたちでした。

京都と東京の有名料亭の板前が腕を振るう二段重ね。懐かしい経木の折りに詰める。もちろん山梨の食材をふんだんに使う本格派。しかし、対象は若い登山客やスキー客、それ

「元気甲斐」
1985年

にペンション客、ゴルフ客。味は若者向きにしなければならない。

で、さて、名前はどうする？　というわけで僕が呼ばれました。二段重ねを意識して「元気と天気」「美味しいのは山々」「四季折々」などという案があったのですが、伊丹十三さんの鶴の一声で決まったのが、「**元気甲斐**」でした。「げんきかい！」と呼びかける若々しさがいいよ。しかも漢字の重さが料理の本格感を表している。甲斐の国、と出自も宣言しているしね。という次第でした。

ところで、そのロゴである。甲斐の国といえば武田信玄。といえば「影武者」。といえば黒澤映画。といえばあの今井凌雪さんの書。今井先生の住んでいる奈良まではるばる出かけて「元気甲斐」の四文字を書いてもらいました。

こうして、ついに「乱」と兄弟分（？）の文字で「元気甲斐」がここに誕生。なんと畏れ多いことに駅弁が黒澤作品と並んだ（？）のでした。

ちなみに、「元気甲斐」は大ヒット。駅弁シリーズとして「うまい甲斐」「春まん甲斐」「秋まん甲斐」などというのも出ました。食べてみてください。

「00 zerozero」や「à la carton」
洒落た関係のネーミングたち。

豚肉と旬菜料理
à la Carton
ア・ラ・カルトン

「à la carton」

眼鏡店が新ブランドで店作り

僕の犬の名はＪＩＲＯ。黒いラブラドールリトリバーです。その前に飼っていた超ハイブリッド（雑種）がＴＡＲＯだったので、次男の意味合いを込めてそう命名したのですが、コピーライターにしてはイージーなネーミングだね、とよく言われます。

家族の名前はシンプルがよろしい。親の思いを込めた文学的な名前は、後年、子供を不幸にする、というのが僕の持論。したがって、長女は夏に生まれたから夏子、次女は朝生まれたから朝子です。平々凡々にみえるけど、このネーミング、意外と少ない。保険会社が毎年、新春に発表する新生児の名前ベストテンにはけっしてない。平凡にしてまれ、がよいと、自負しているのでした。

当て字にもならない強引な漢字のキラキラネームが近年の命名の主役ですが、僕は賛成しません。読み方が分からなくて、学校で友達や先生が困っていますよ。

私的前置きが長くなりました。

福岡に本拠を構える眼鏡店「天神愛眼」が、若者向けのショップを展開することになりました。1990年代の終わり頃です。すでに定着した「愛眼」のイメージから離れ、全く関係ない顔をして出店したい。新ブランドに育てたい。あッ、あれですね。「洋服の青山」が「ザ・スーツカンパニー」と出したような、「すかいらーく」が「ガスト」を作ったような、隠し砦作戦ですね、と僕は社長に確かめました。

若者向けだから記号的なネーミングがいいんじゃないか。洒落た掛け言葉にしたいなあ。そう考えたとき、なぜか突然、愛犬JIROの顔と目が脳裏に浮かんだんですね。その次に、00が浮かんだ。0が二つ並んだ眼鏡の形。ゼロゼロ。英語の発音では「zi:rouzi:rou」。つまり、ジーロジーロ。決定！ いくつか提案しましたが、僕の強い思い込みが功を奏して「00 zerozero」と店名はなりました。

二つの眼で、ジロジロ見る、という音《おん》に掛けている。しかもZEROにもちゃんとO（眼鏡）が入っている。ロゴも眼鏡を想起する分かりやすい形にデザインしてもらいました。

福岡の巨匠、後藤宏さんの傑作です。掛け言葉と視覚的なアイデアで、新店舗と新ブランドは、元気におもしろくスタートしました。

豚肉専門の洋風居酒屋の店名

こんな言葉遊び的ネーミングの系譜を追ってみると、思い出すのは「à la carton（ア・ラ・カルトン）」でしょうか。ア・ラ・カルトじゃありませんよ。語尾が「トン」。有楽町にある豚肉専門の洋風居酒屋です。「大和豚」というブランドのうまい肉が自慢。当時、牛肉がBSE問題で打撃を受けて、俄然、人気が出てきたのが豚肉でした。そのブームの先駆けといった形でオープンしました。なにしろメニューが豊富。一品料理がいっぱいのお店です。

一品料理のことを、フランス語では à la carte（アラカルト）。そのお洒落な言葉に豚（とん）を掛け合わせました。tのところで掛け算になっているんですね。結果としてアラカルトに「ン」が付いただけというシンプルな仕上がり。ローマ字でも最後のeがonに替わっただけで、こんなトンでもないおもしろいネーミングが生まれました。「お尻がton、豚のトンですよ」と分かってもらえるように、ロゴのOの部分が豚の鼻になっているでしょ。

「√GALLERY」と「博士の愛した数式」
方程式が主役になったネーミング。

√GALLERY®

「ルート・ギャラリー」

「博士の愛した数式」2006年公開
発売中のDVD&Blu-ray

提供：アスミック・エース株式会社

数字と記号が、物語を紡ぐ

「君の靴のサイズは、いくつだね？　ほお、24。実に潔い数字だ。4の階乗だ」

「博士の愛した数式」の中の博士の最初のセリフです。80分しか記憶がもたない博士は、毎朝やってくる家政婦に同じことを尋ね、毎朝感嘆の声をあげる。階乗とは1から順に2、3、4……と掛けた数字のことだ、と博士は教えてくれます。

そして、彼女の誕生日2月20日と博士の記念時計の数字２８４が友愛数であること。友愛数とはそれぞれの約数の和が等しいこと。歴史上発見されたのは、わずか30にも満たないこと……といった具合に、美しい数の物語が淡々と進みます。

数学の話なのに、心がだんだん熱く切なくなってきて、涙でスクリーンが何度もぼやけてしまう。そんな不思議な映画でした。

家政婦が初めて子供を連れてきたとき、博士は「うん、キミの頭は平らでいい形だ。まるで√（ルート）みたいだ」と言って、その少年のニックネームは「ルート」となってしまいます。「√はどんな数字でもやさしく包みこむ、心の広い記号なんだ」。博士は断言します。

「$\sqrt{1}$はね、1または-1だね。だけど$\sqrt{-1}$は、ありえない数字。だから虚数というんです。i

という記号で表す。iは愛に通じるんだね」と言うのは、たしかのちに数学の教師になったルートでした。ここにも√が出てきます。

画廊のネーミングを√で解く

√は、もともとは「根」という意味でしょうか。根っこ。基。そういえば昔「ルーツ」というテレビ映画があったっけ。たしかアフリカ系アメリカ人のルーツをさかのぼる物語だった。思い出したぞ、クンタ・キンテが主人公でした。祖先、元祖、という意味合いもあるのでしょう。

そんなことを考えながら映画館を出てきたら、突然、「√GALLERY」を思い出した。モダンアート専門の画廊のネーミングです。1985年頃だったと思う、友達の女性アーティストが画廊を開くときに頼まれ、僕が命名しました。当時はたしか田園調布にあり、のちに都心に進出した。ギャラリーの本来の基となりたい、新人を世に育てる根のような画廊になりたい、という彼女の意図を汲んで√記号を思いついたことを、思い出しました。先進感。前衛性。視覚的なインパクト。そんなことを意識して、名付けました。

先進感といえば、√を使ったネーミングが、のちにビクターから出ます。ラジカセのシリーズネーミング。今はもう存在していないかもしれませんが、「$\sqrt{2}$」です。このラジカセは以後、シリーズ化され「$\sqrt{3}$」「$\sqrt{5}$」と続きました。
　そのたびに、覚えやすいように誰にも懐かしい、あの符丁をコピーに使った記憶があります。

$\sqrt{2}$＝1.41421356（一夜一夜に人見ごろ）
$\sqrt{3}$＝1.7320508075（人並みに奢れや女子《おなご》）
$\sqrt{5}$＝2.2360679（富士山麓オウム鳴く）

「$\sqrt{4}$」はありません。2という整数だから語呂合わせができない、おもしろくない、と思ったからでしょう、きっと。

「勝手にしやがれ」から「キャッチ・ミー・イフ・ユー・キャン」

名翻訳を続けてほしいなあ。

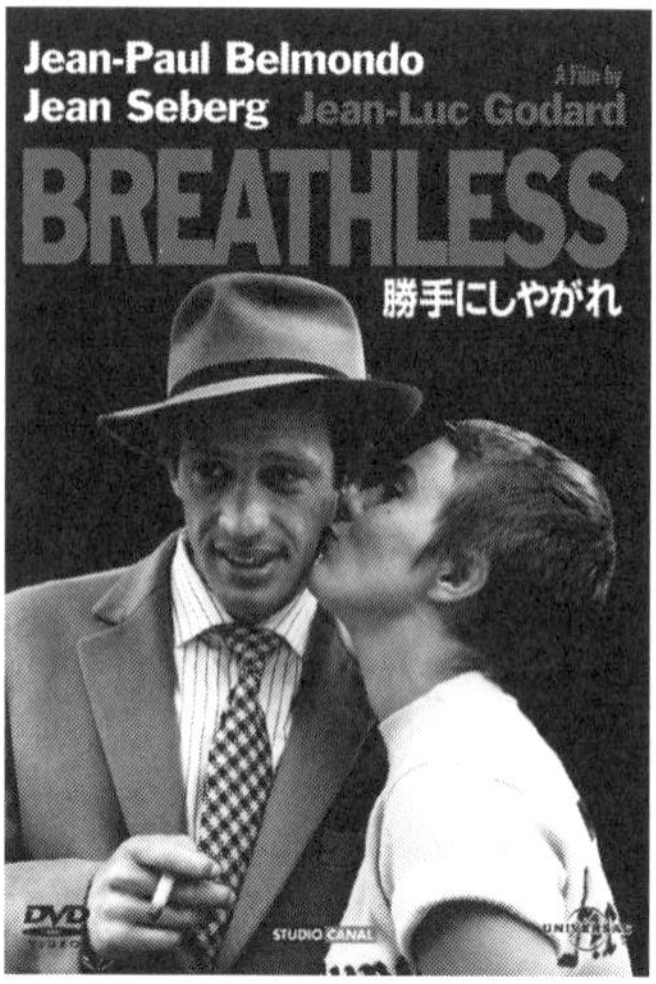

「勝手にしやがれ」1960年公開　発売中のDVD
提供：NBCユニバーサル・エンターテイメントジャパン合同会社

「キャッチ・ミー・イフ・ユー・キャン」
2003年公開　発売中のDVD
提供：NBCユニバーサル・エンターテイメントジャパン合同会社

一語が、たくさんの意味を含んでいる

「REVERSAL OF FORTUNE」というのが、原題でした。1990年の作品。主役は、ジェレミー・アイアンズとグレン・クローズです。ヨーロッパ貴族の血を引くクラウス・フォン・ビューローが、億万長者の妻サニーにインシュリンを過剰に与えて植物状態にする殺人未遂事件。その実話を基に作った映画でした。

冒頭、空撮のカメラが海沿いの断崖に沿って、その上に広がる高級住宅街を舐めていく。アメリカ東海岸、ニューイングランド。一軒の邸宅にカメラが近づいていく。その寝室。ひとり目覚めた男がドアを開けると、数匹のポインター（だったと思う）がいっせいに、ベッドルームから広大な庭に駆け出していく。このトップシーンがあまりに美しく印象的でした。

さて、これをどのように翻訳するか。「REVERSAL」には、どんでん返し、反転、逆転などの意味があります。裁判用語としては、破棄、差し戻しなど。

問題は「FORTUNE」です。財産、資産、大金の意味がある一方で、運、運勢、幸運、成功、さらには占いの意味まである。

この映画はたしかに裁判劇です。でも、この題名は単に裁判のことをいっているのではない。一組の夫婦関係の様々な相克を裁判という舞台に象徴させたのだろう、と僕は考え

ました。そして、「FORTUNE」の持つすべての意味を含めて「運命の逆転」と訳したのでした。ちなみに、ジェレミー・アイアンズはこの役で、アカデミー主演男優賞をとりました。

カタカナ読みタイトルの氾濫へ

昔の洋画は、タイトルの翻訳に労力を注いだものでした。「STAGECOACH」を「駅馬車」としたような直訳から、「HIGH NOON」を「真昼の決闘」とした意訳、さらには「WATERLOO BRIDGE」を「哀愁」とした名意訳まで。

意訳といえば、舌を巻くタイトルネーミングがいっぱいありました。例えば、「A BOUT DE SOUFFLE」(息も絶え絶え)を「勝手にしやがれ」としたり、「BUTCH CASSIDY AND THE SUNDANCE KID」を「明日に向って撃て!」と言い換えたような、血の滲むような(?)努力があった。

なんとかヒットさせたくて、日本人にアピールしそうな題名作りに心血を注いだ跡が見てとれます。そんな努力の最後が「運命の逆転」あたりだったのではないかと思って、冒頭、例に引きました。

近年の洋画タイトルは、目を覆いたくなるものが多い。基本的には翻訳放棄なんですね。「アビエイター」「レヴェナント」「エクスペンダブルズ」……外国語をそのままカタカナに置き換えただけです。ならば、いっそ英字のままの方がまだいい。「キャッチ・ミー・イフ・ユー・キャン」と「CATCH ME IF YOU CAN」、どっちが分かりやすく、読みやすいですか？

昔の人は偉かった。明治の人を見習って欲しい。Fountain pen（原意は、泉の筆でしょう）を「万年筆」、Baseball（塁の球）を「野球」とネーミングしたような努力を、いろんな外来語に対して一生懸命したもんだ。一説に「野球」は正岡子規の翻訳だといわれています。

「COLEZO!」から「Enicil」へ

和語の英字表記、進む。

「COLEZO!」2005年

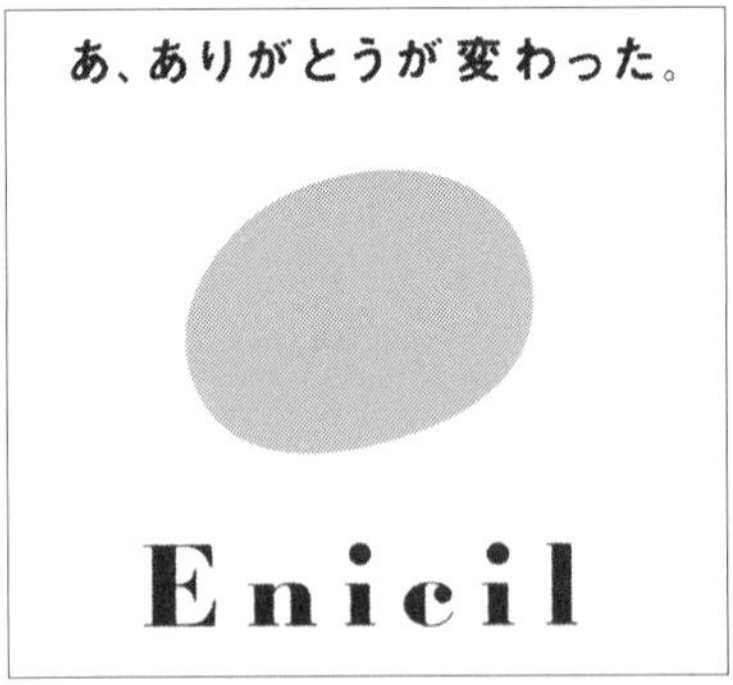

「Enicil」2007年

スローガンは、いまや英語が主流です

日本語についての考察や論評が、頻繁に目につく。日本語の乱れという視点で展開されることが多いのだけれど、こういう論題になると必ず広告が槍玉にあげられます。なかでも日本語が消えて、英語化しているのが、近年の企業スローガンです。

SHIFT_the future（日産）
Make it possible with canon.（キャノン）
Inspire the next.（日立）
Your vision, our future（オリンパス）
ReBorn（トヨタ）
Be a driver.（マツダ）

グローバル化したマーケットだから、世界共通の英語スローガンなのかといえば、そうでもない。日本国内向けの文言である場合が多い。そうしたスローガンの外国語化に反比例して、日本語が復活してきたのがネーミングではないでしょうか。

ひと昔前までは外国語（もどき）の全盛だった。その方がカッコいいと思っていたんで

すね。特に化粧品なんか、カタカナ英語、カタカナフランス語のオンパレードだった。ところがいまや「TSUBAKI」「suisai」などなど。椿、水彩、のローマ字表記です。二つとも化粧品です。和語の英字表記ネーミング、と僕が呼んでいる今最も顕著なネーミングの傾向である。日本語でありながら音とローマ字の字面がよく、美しいこと。これを条件に氾濫してきました。

僕のネーミング歴を振り返ってみても、けっこうこの傾向のネーミングは多い。化粧品ではエキップの「SUQQU」がある。ビクターの力作では「COLEZO!」がありま す。

これぞ、縁《えにし》と知るなり

ビクターが持っている音源をジャンル別に括って、シリーズとして打ち出していく。CDショップに特別な売り場を確保する。という戦略でブランド名を開発、設定した。「COLEZO!」です。もちろん「これぞ」の英字表記です。なんといっても使い勝手がいい。

「COLEZO! ジャズ」

「ＣＯＬＥＺＯ！　ラテン」

「ＣＯＬＥＺＯ！　演歌」

という具合に、どんなジャンルの音楽だって一括りにできる、便利なブランドネーミングでした。

もう一つの例は「Ｅｎ:ｉｃ:ｉｌ」。こちらは、社名です。結婚式などで引き出物をカタログで選んでもらって、あとでお客さまに送る。最近多い新方式ですね。その大手企業の社名変更でした。人と人が出会って結ばれる。そこに立ち会うのも他生の縁《えにし》――その縁を知ることが、この会社のコンセプト。だから、縁、知る。縮めて英字表記して、「Ｅｎ:ｉｃ:ｉｌ」となりました。


「あ、ありがとうが変わった。

出会って笑顔を交わし『ありがとう』を交わす。そのときから、私たちは繋がっていきます。私たちは見えない糸で結ばれていく。そんな人と人の結びつきを、昔から私たちは縁と呼んできました。

その縁の、これからのあり様、これからの『ありがとう』の形を通して、新しい縁を知る。その思いを社名にしました。」

「Ｅｎ:ｉｃ:ｉｌ」立ち上がりの広告コピーです。

ネーミング今昔　part.2

メッセージ・ブランディングの流れ

ブランディングには、二つの流れがあります、とこの章の初めに書きました。

イメージを展開していく方向と情報を伝えていく方向。イメージ展開の流れは前節で眺めてみましたが、ここでは後者を追ってみました。

イメージや象徴をテーマにするのではなく、発信したい特徴や情報を表出させて、ブランディングを展開していく。マーケティングを繰り広げる。

当然、その種であるネーミングは、具体的なメッセージをカギにしてマーケティングのドアを開こうとする。これが、ネーミングとブランディングの現在の奔流です。

この奔流を、ネーミング作りの舟を漕ぎながら、眺めてみます。

「女性自身」から「STORY」まで

女性の人生物語、始まる。

『女性自身』創刊号
1958年

『STORY』創刊号 2002年

『JJ』創刊号 1975年

コピーライターは、かつて広告文案家だった

ネーミングなんて言葉はたぶん、まだなかった。それどころか、コピーライターという言葉も仕事も、僕自身知らなかった。ネーミングはたぶん、商品名とか社名とか呼ばれていたし(今だって、そう呼ばれてもいるけれど)、コピーライターは広告文案家と呼んでいたような気がする。1960年前後のことです。

話はいきなり横道にそれるが、僕はいまだに自己紹介のときコピーライターと名乗るのに、躊躇します。言葉を操る職業のくせに、なぜこんな横文字の肩書きしかないのだろう。第一、なぜコピー（写し）なんだ、という違和感がいまだに抜けない。調べると、Copyとは「複製のための文章」のことらしい。つまり、印刷用の文章。だから、昔は新聞の記事もCopyと呼んでいた。もちろんアメリカでの話です。

そのCopyをそのまま直輸入しちまった。翻訳もせずに使い始めて今日に至る。正岡子規がBaseballを野球と名訳したような努力をしなかったのは、まさに僕たち日本のコピーライターの責任であるし、その怠慢の罪は重い。

わけの分からないままに使うものだから、その昔、お巡りさんが家庭調査にやってきて、女房に「ライターを売るお仕事ですか」と聞き、重ねて「コピー印のライターを売っていらっしゃるんでしょ？」と念を押した、うそのような実話です。そうでなくても、コピー機を扱う仕事だろうと大学時代の友人に思われて、くさっていた時期はけっこう長い。

人生を変えたネーミングとの出会い

そう考えると、「広告文案家」という呼称はこの仕事を実に的確に表現しています。コピーライターの仕事は文を書くだけではない。アイデアを考えることが仕事の半分を占めている。アイデアとは何か。「案」である。つまり、コピーライターという曖昧な肩書きより、よっぽど的を射ているのです。いっそ名刺に「広告文案家」と刷ろうか、と何度思ったことか。

話を元に戻そう。そんな時代に、大学生の僕（ちなみにジャーナリズム専攻だった）はある雑誌の創刊に遭遇します。

『女性自身』である。カッパのマークの光文社発刊。発売日には本屋さんの店頭に行列ができたという伝説の雑誌『少女』の卒業生読者のために生まれた、と銘打っていた。アメリカの『SEVENTEEN』とタイアップした表紙とファッショングラビアを中心に、匂い立つような青春の雑誌でした。

初めて表紙を見たとき、ネーミングってすごいもんだ、と息を呑んだ。いや、ネーミングという言葉は知らなかったから、題名とか誌名という概念で、打たれたのでしょう。私自身、あなた自身、という言葉は存在する。しかし女性自身という言葉はない。造語である。言葉の創造。ネーミングの「一行力」だった。

気が付いたら、大学を卒業した僕はその雑誌の記者となっていた。そして四十数年後、その僕が、『女性自身』の卒業生読者のための雑誌『STORY』のネーミングを手掛けることになったのだから、縁は異なもの不思議なものである。

ちなみに『女性自身』と『STORY』の間には、『JJ』『CLASSY』『VERY』と読者の世代リレーが続けられてきたという歴史が横たわる。

「Japants」と「無印良品」

訴求ポイントのネーミング化、始まる。

「Japants」1970年

「無印良品」1980年
提供：株式会社良品計画

越中フンドシをネーミングせよ

たしか1970年頃だった。日本テレビ系の「11PM」という番組で広告作りのパロディをやりました。イレギュラーで、二カ月に一回くらいのペースだった。十回くらいは出演しただろうか。いろんな商品をテーマにして、クリエイティブスタッフが広告を作ってるわけです。

ディレクターが土屋耕一さん。デザイナーが浅葉克己さん。西武百貨店の広告などで当時絶頂のADです。コピーライターが僕。キャスターの大橋巨泉さんを社長に見立てて、プレゼンテーションをするというスタイルです。

その第一回のテーマが「越中フンドシ」だった。番組が進行し始めるとすぐ、土屋ディレクターが提案したのでした。

「この商品はもはや死に体である。よみがえらせるには、新しいネーミングを冠して世界に打って出るしかない！」

続けて「岩永君、ネーミングを提案したまえ」と、突然の指名です。

えっ、ネーミングってなんだ？

商品名のことか、と気付くのに時間がかかって、僕は数秒、ぼーっとしていました。

その頃はまだ、ネーミングなんて言葉は市民権を得ていなかったし、だいいち商品名なんてものにコピーライターが関わってはいなかった。なのに僕に、土屋さんの気まぐれな命令が下ったのでした。

いくつか作って提案した結果、「Ｊａｐａｎｔｓ」に決定する。

これなら海外進出してグローバルにマーケティングを繰り広げるのにぴったりである。〝Ｊａｐａｎ〟と〝Ｐａｎｔｓ〟の掛け合わせで、日本の下着であることが実に明快である。という土屋ディレクターのプレゼンで、大橋社長はご満悦。浅葉デザイナーがロゴを作り、新聞広告やテレビCMも作って見せました。

これが、正真正銘、僕が生まれて初めて作ったネーミングでした。瓢簞《ひょうたん》から駒です。そして、このネーミングが、僕のコピーライター人生を変えてしまった。土屋さんのせいです。

瓢簞から駒でネーミング人生始まる

翌日、ある出版社からネーミングの本を書かないか、と電話が来ました。こうして僕の最初のネーミング本が生まれることになります。ＫＫベストセラーズの『意表をつくネーミング』です。本が出ると、次第に岩永はどうもネーミングを手掛けるコピーライターらしいということになって、（「Ｊａｐａｎｔｓ」一つしか作ったことがないのに、しかも番組の中での仮想ネーミングにすぎないのに）、気が付いたら実際のネーミングを作るようになっていたのでした。

あのときは青天の霹靂《へきれき》だったけれど、Ｊａｐａｎｔｓ事件（僕にとっては）で僕が、コピーライターのネーミング参画に先鞭をつけたと言ってもあながち間違いではあるまい、と思っています。ひょんなことから運命は変わるものです。

僕がこうしてネーミングに関わり始めて間もなく、コピーライターの**日暮真三**さんが「無印良品」などを命名し始める。**眞木準**さんが『ＡＥＲＡ』や「ＳＳＡＷＳ（ザウス）」などのネーミングを手掛けるようになります。

あれから四十年余。今やコピーライターたちがネーミングに関わるのは、当たり前の世の中になりました。

日暮真三
西武百貨店の広告でヒットを連発。「無印良品」の広告も。

眞木準
伊勢丹の名コピー「恋を何年休んでいますか。」や全日空の「マックロネシア人」などの作者。

「からまん棒」から「野菜中心蔵」へ
特徴訴求のネーミングが始まった。

商品特徴をネーミングにした先駆けだった

という次第で、ひょんなことから『意表をつくネーミング』という本が書店に並びました。駅のキオスクにまで置かれて、かなり売れた。すると、なんだか岩永というコピーライターはネーミングのスペシャリストらしいぞ、という誤解（！）が業界に広がり、気が付いたら、実際のネーミングを作り始めていました。テレビの中の仮想ネーミング作りではなく、今度は実際の仕事として。

そうしたごく初期の作品が日立の洗濯機「**からまん棒**」でした。デビュー作品ではなかったのですが、とにかくまだネーミングというものを十個は作っていなかったことはたしかです。

日立製作所に呼ばれました。テーブルを挟んでズラリ並んだのは商品開発部の面々でした。新洗濯機の自慢の開発秘話を熱く語ってくださったのを今もよく覚えています。

からまん棒

「からまん棒」1982年

「雌伏《しふく》10年、今までの構造と全く違う洗濯機を創った。

これまではパルセーター（プロペラ）という羽が底で回転する方式だったが、これをなくして、回転する一本の棒を立てた。他に例がないこの革新的な方式によって、汚れ落ちが格段によくなった。

もみ洗いではないから、シワを作らない、生地を傷めない。そして何より絡まない！

この画期的な洗濯機のネーミングを作ってほしい」


開発者たちの、この熱い言葉が、オーダーでした。そして、提案したのが、この「からまん棒」でした。新しい画期的な機能を訴えつつ、その元の主役である棒そのものに名前を付ける。そして、そのいわば部品名称を、洗濯機全体のニックネームとして打ち出しましょう。そういう新訴求から、「からまん棒」というネーミングを提案したのでした。

知名度トップに駆け上がる

しかし、これが問題でしたね。最初のプレゼン会議では悪評粉々《ふんぷん》。なにせ、当時の洗濯機はテレビ、冷蔵庫と並んで三種の神器。高価な耐久消費財です。

ネーミングといえば、「琵琶湖」「銀河」「うず潮」「青空」の時代ですから。格調とイメージが身上だった時代に「からまん棒」なんて冗談はやめてくれ、の大合唱。その後たくさんの別案のプレゼンを重ねて、最終的には最初の案「からまん棒」に決まります。

どう説得して逆転したのか誤魔化したのか（？）のか、今は覚えていませんが、とにかく市場に「からまん棒」でデビューしました。

「からマンボ」というCMソングに合わせて、洗濯物が棒を囲んでマンボを踊るというテレビCMの効果もあって、わずか三カ月で一気にネーミング知名度が他の居並ぶ洗濯機たちを抜いて、一位になった。そして結果、大ベストセラーになってしまった。商品特徴をネーミングのテーマにするネーミングの効果が、証明されたのでした。

あれから数十年。その後、「時間半分水半分」なんてネーミング、誰も不思議がらない。冷蔵庫だって「野菜中心蔵」ですからね。かつての三種の神器も、こんなおもしろネーミングの時代になっていく。

その先陣を切ったのが、あの「からまん棒」だったといえなくもないかなあ、と振り返って感無量です。

「最洗ターン」から「ZABOON」へ

和語のネーミングは、洗濯機から。

最洗ターン
全く新しい水流で洗う、東芝の新洗濯機。

「最洗ターン」1984年

ZABOON
東芝ドラム式洗濯乾燥機［ザブーン］

「ZABOON」2009年
提供：東芝ライフスタイル株式会社

「からまん棒」を超える ネーミングを、がオーダーだった

日立の「からまん棒」が洗濯機の特性、セールスポイントをネーミングに表出させた最初だった、という話は先に書きました。技術革新によって次々と開発され市場に投入される新商品。その勝敗を決するためには、同業他社品との違いを強く表出させることが必須となった。そして、その役割を担ったのがネーミングでした。

ネーミングでセールスポイントを強く打ち

出すこと。乱立する同種商品の中で際立つためには、そのことが重要な課題となっていきました。マーケティングの勝負の要は、ネーミングにあり――という認識の先駆けが「からまん棒」だった。「からまん棒」から一気に、特に家電のシロモノと呼ばれる洗濯機や冷蔵庫などは、この方向へ雪崩を打っていく。

それから数年が経っていました。「からまん棒」を世に出して洗濯機の市場は相変わらずの乱戦を繰り広げていました。各社、一進一退の攻防の中で、また、画期的な方式の洗濯機が生まれます。

従来の洗濯機はパルセーターが水流を作る。「からまん棒」は棒が水流を生み出す。ところがこいつにはそんなパーツが一切ない。どうやって水流を起こすか。ドラムが回転するのです。洗濯槽自体が回転することによって、今までとは全く違う水流を生み出す。内から外ではなく、外から内への渦巻き。これによって強力な洗浄力が生まれるだけでなく、布を傷めない効果が期待できる、というのです。

最先端の回転で洗うから「最洗ターン」

コペルニクス的発想から生まれた先進の回転が生み出す洗浄力。これを、あの「からまん棒」を凌駕するネーミングで表現して欲しい。「からまん棒」の名付け親であることを承知の上で頼みたい、と依頼されたのでした。日立製作所のライバル、東芝です。

「最洗ターン」

この五文字の中に最先端技術の〝最もよく洗う・回転〟という特質を欲張って入れました。果たしてネーミングとして「からまん棒」を追い越せたのかどうか、僕には分からない。しかし、機能の斬新さが注目を集めて、それなりの販売成果をあげていきました。

それからさらに数年後、今度はシャープから同じような依頼が来ました。「からまん棒」に勝つネーミングを、「からまん棒」の作者にぜひ、といううれしいオーダーでした。

今度の新技術は、棒の出現でも画期的な水流でもありませんでした。

泡で洗う――。その洗浄力は驚異的で、その効果を生み出すのは泡から生まれる超音波。眼鏡屋さんのレンズ洗浄の原理と同じだという。だから洗剤も少なくていい。エコでもある。もちろん布を傷めない。いいとこだらけでした。

泡→アワ→AWA
洗う→アラウ→WASH

「AWASH」1984年

おや、なんだか字面が似ているぞ。掛け合わせてみた。

AWA×WASH＝AWASH

こうして「AWASH（アワッシュ）」が生まれました。

あれから約三十年。いまや洗剤不要の洗濯機や空気で洗う洗濯機まで出現した。技術革新はとどまるところを知らない。

ネーミングはどうだろうか。

最新の傑作は「ZABOON」です。今までのすべてのネーミングの試行錯誤を振り切って、快感快心のネーミングです。

「イオカード」から「Suica」へ

カードネーミングの変身続く。

「Suica」2001年

「ICOCA」2003年
提供：西日本旅客鉄道株式会社

その前に「オレンジカード」があった

まだ国鉄時代だったような気がする。いや、作業の途中から民営化が進んでJRに変わったんじゃなかったかなあ。ということは、1980年代の終わり頃だったのだろうか。ネーミング作業がどうも国鉄とJRを跨いでいたような気がする。それほどに「イオカード」に決まるまでの提案の期間が、長かった長かった。「イオカード」は僕のネーミング制作及び提案の、最長記録です。

　とにかく、ああ言えばこういう、じゃないけれど、案をああ出せばこう出せ。と注文が限りなく続きました。

例えば、それまでにすでに「オレンジカード」があったから、今度のカードの名前も果物の名前にしたい、という指示があって果物系のネーミングを提案したと思ったら、がらっと変えて「野菜にしよう」「いやいや、花の名前がいいよ」と、まあそんな具合に注文がころころ変わり、案を、出しに出した。数百案に及んだ記憶がある。あんまりお役所的だから、国鉄時代に跨がっていたと、もしかしたら勘違いしているのかもしれない。

結局、ともかくも「イオカード」と決まるのだけれど、その案は最初に提案したアイデアの中のものでした。新しく赴任した担当課長の鶴の一声で決まった。運輸省から来たいわゆるキャリアだったと記憶している。彼がいなかったら、今でもまだ案を出しつづけていたかもしれない（冗談です）。

彼が切れ者で決断がよかったのか、それとも僕の最後の捨て身の説得が効いたのか、今となっては分からないけれど「イオカード」は生まれた。僕の説得はこんな具合でした。

「ｉｏとは、inとoutの頭文字。inputとoutputの頭文字でもあります。つまり改札機に、入れる、出す、ですね。

イチとゼロでもあります。つまり、磁気テープはデジタルです。1と0の二進法です。

そして、ｉｏはイタリア語で私のこと。私のidentity。それがイオカードです！」

西瓜《すいか》と行こうか

あれから数年。「イオカード」の継承は「Ｓｕｉｃａ」へ。すいすい通るカードの略、だそうです。で、西瓜《すいか》と同じ音であるからしておもしろい。すぐ覚えられる。ＣＭではたしか改札で西瓜についての会話をしてましたね。

ＪＲ西日本では「ＩＣＯＣＡ」となった。「行こか」という関西弁のローマ字表記ですね（IC Operating Card の略でもある）。なるほど。それにしても、どちらもローマ字ですからいったい何語かしらん？　と一瞬戸惑うけれど、和語（日本語）ですね。いや正確には「ＣＡ」はcardの略だから英語。「すい」と「いこ」は日本語。つまり、和洋折衷ということになるのかもしれない。いずれにせよ、この手のネーミングが、近年のトレンドのようにみえます。これもひとえに時代のグローバル化の影響なのだろうと、穿《うが》った見方もある。和語のローマ字表記は時代の落とし子なのかもしれないなあ、と感心してしまいました。ちょっと周りを見てください。「Ｓｕｎｏｍｏ」は「酢飲も」、「ｄａｓ」は「出す」、「ＤＡＫＡＲＡ」は「だから」、「ｂｏｃｏ」は「凹」……。ね、多いでしょう？　和語のローマ字表記のネーミング。

ともあれ、カードも進歩したけれど、ネーミングもこんな風に時代と共に進化（？）した。もちろん、ＪＲの決断も進歩したのでしょうね、きっと。感慨無量です。

「Bunkamura」から「ORCHARD」「COCOON」へ

文化の村に、農園と繭の劇場を。

「Bunkamura」1989年

「オーチャードホール」1989年

「シアターコクーン」1989年

文化の村を作りたい

「文化の村を作りたいんだよ」というのが、東京急行電鉄の五島昇会長の当時の口癖でした。

芝居小屋があって、コンサートホールがあって、映画館もあって、美術館もある。その隣にはレストランが寄り添っていて、棟続きに店が並んでいる。そんな二十世紀の文化の村を作りたい。それが五島さんの夢であり注文であり、その建物のコンセプトでした。

そして、そのコンセプトを具体化し表現するネーミングを作ることが、僕らの仕事でした。

昔、大向小学校があった場所。僕の卒業した松濤中学校のすぐ下にあって、懐かしい場所だった。もちろんその頃は渋谷村ではなく渋谷だけれど、当時の感覚からすると東京の端、渋谷村と謙遜して、僕ら子供たちはそう呼んでいました。

その渋谷をもう一度、村にする。文化の村にしたい。これが、今風にいえば、そのコンプレックス型商業施設のコンセプトだったわけです。

かくして、「村」と「文化」というコンセプトを具体的にネーミングに落とし込む作業を僕らは始めた。英語はもちろんフランス語、スペイン語、エスペラント語の案もあったように記憶している。

いくつもいくつもネーミング案を積み重ねていって、何カ月か経ったとき、僕らはもう一度、五島会長の最初の言葉に立ち返った。

世界のアーティストたちの、ポピュラーな日本語に

結局、「文化村」がいいじゃないか。最初から会長が夢見ていた文化の村をそのままネーミングにした方がいい、という結論に達したのでした。ただし、ここには超一流の超最先端のコンサートホールを作って世界中からアーティストを招く計画だから、ローマ字表記にしよう、という次第で、「Ｂｕｎｋａｍｕｒａ」と相成った。

ちなみに柿落《こけら》しは、なんとバイロイト祝祭劇場のオペラ「タンホイザー」。以来、何千人もの音楽家たちが「Ｂｕｎｋａｍｕｒａ」の舞台に立った。

「未来のマイスターたち」と銘打って世界中から音楽の若い才能を招聘して育てるというイベントも続いた。そうした活動の結果、「Ｂｕｎｋａｍｕｒａ」はやがて世界の音楽家の間で最もポピュラーな日本語の一つとなりました。

建物全体が村なのだから、その部分《パーツ》も村にふさわしい名前にすることになった。「オーチャードホール」の"ORCHARD"は農園を意味するし、「シアターコクーン」の"COCOON"は繭。

文化の村の農園で美しく育つ繭、というわけです。

「オーチャードホール」にはベルリンフィルもウィーンフィルも来た。杖をついて登場し、指揮台の上に置かれた椅子に座って指揮をしたカラヤンを、僕が最後に見たのも「オーチャードホール」だった。

「シアターコクーン」では、串田和美さんの「上海バンスキング」が、中村勘九郎さんの「四谷怪談」が、蜷川幸雄さんの「グリース」が、上演された。

五島会長は1989年、「Bunkamura」誕生直後に他界する。

そして、「Bunkamura」は文字通り、世界の文化の村になったのでした。

「ごはんですよ！」から「これからだ」へ

あなたに直接語りかける！

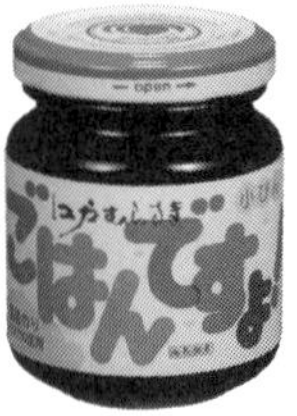

「ごはんですよ!」1973年

社長のアイデアがネーミングに

初めて食卓で出合ったときのことを、忘れられない。

当時、僕はフリーのライターになったばかりで、家で仕事をしていました。階下の妻に「ごはんですよ」と呼ばれ、原稿書きの手を休めてトントンと階段を降り、食卓に座ったら、そこにそれが鎮座ましましていました。そして、当時6歳だった長女が、そのラベルを指差して声を出して読んだ。

「ごはんですよ！」

たぶん1973年頃です。その年、僕の長女が小学校に入ったばかりだったから、間違いない。そのときの長女の声が、今でも耳の奥に残っています。

僕は、驚いて口をあんぐり開け、その声を聞いていた。これって、商品名なんだよな、と自問自答していました。

「江戸むらさき」という優雅なニックネームで親しまれてきた海苔佃煮。その老舗が桃屋です。その桃屋が出した、いわば普及版。つまり万人向きの海苔佃煮でした。お父さんお母さんだけでなく、子供にもおいしい味付けにした新企画の商品。どの家庭にも一つ、との思いを込めて「ごはんですよ！」と命名したということでした。このネーミングは社長のアイデアだ、という話も当時聞きました。

社長といえば、桃屋は三木のり平さんがずっとCMを担当していたのですが、その始まりは、「のり平」が「海苔」に通じることから、社長のたっての頼みで引き受けたということでした。ついでながら、そのCMというのが、のり平さんが描くのり平さんの似顔だったことも、ユニークでおもしろかった。以来、のり平さんなき現在に至るまで、似顔CMも続きました。

話し言葉ネーミングの大先輩

「ごはんですよ！」が、その社長のアイデアだと聞いて、なるほどなあ、と僕は納得しました。すごいアイデアである。そんなネーミング、今までに見たことも聞いたこともない。「江戸むらさき」というイメージを表出した名称から、一転して海苔佃煮の用途とシーンを訴えていた。しかも会話体である。僕の覚えている限り、会話体のネーミングはそれまでにはない。「ごはんですよ！」は、ネーミングのレトリックの点でも画期的だった。

その後、桃屋は「お父さんがんばって！」を出す。塩分と糖分を控えめにした海苔佃煮です。中高年の健康志向に応える商品企画でした。そして、これももちろん会話体、話しかけ言葉です。

こうした会話体、話しかけ言葉のネーミングは、次第に伝染していきました。「お〜いお茶」「あ！　あれたべよ」「甘栗むいちゃいました」……。特に、加工食品の分野でどんどん流行する。そしてやがて、食品のジャンルを超えて話し言葉ネーミングは増殖していきます。

僕が提案した保険のネーミング『これからだ』は、まさにそうしたジャンルを超えた、話し言葉ネーミングでした。今でこそ保険のネーミングに話し言葉は多いけれど、その頃は皆無だった。保険の機能をストレートに表出した「傷病保険」とか「老人保険」といったような普通名称でした。保険のようなお堅いジャンルでの話し言葉ネーミングの登場は、画期的だったのです。

「ごめんね。」や「じっくりコトコト」

孤独を癒やす語りかけネーミング始まる。

「サントリー すきっとフルーツ飲料 ごめんね。」1999年
※すでに販売を終了しております
提供：サントリー 食品インターナショナル株式会社

「じっくりコトコト」2015年にシリーズ刷新
提供：ポッカサッポロフード＆ビバレッジ株式会社

都会の一人暮らしのキミへ

少年は山口県から出てきて、都荘というアパートに住んだ。

ちなみに、アパートのネーミングで一番多いのは富士荘です。不思議なことに麻雀屋も富士荘が一番です。僕の最初のネーミング本『意表をつくネーミング』を書いたとき調べました。今はどうだか知らない。へえ、日本人は富士山が好きなんだなあ、と当時驚いた記憶がある。都荘という名前も多く、たしかアパートのベスト5に入っていました。


いきなり話が脇道にそれたが、というわけで、少年の都会暮らしが都荘で始まる。そのときの孤独感は今でも忘れられない。

東京の人はなんと冷たいんだろう。それが、都会暮らしの第一印象でした。同じアパートの住人同士が朝の挨拶さえ交わさない。道でぶつかってもゴメンも言わない。そのうち少年も、だんだん無口になっていった。挨拶しても挨拶が返ってこない。だから、こちらも黙ってしまう。ますます孤独は募った。

でも、あるとき気付きました。隣に住んでいる人も孤独だということに。そして、アパートの隣人も実は、東京人ではないということを知る。彼は秋田から来ていた。なあんだ、冷たい東京人と思っていたのは東京人ではなかったんだ。きっと彼も僕を見て、なんて東京人は冷たいんだと思っていたにちがいない。道でぶつかった人は、もしかしたら鹿児島人かもしれない。いや、きっとそうだ。

孤独を癒やす話しかけネーミング

お互い口をきかない。方言を恥じてつい無口になる。そのことが実は都会の孤独の空気を作っているということに、少年は気付くのでした。

そんな無口で孤独な少年にとって、スーパーは便利でした。口をきかなくてすむ。商品をかごに入れて黙ってレジに出すだけでこと足りる。しかし、こと足りるけれど寂しさは加速する。先に触れた「ごはんですよ!」や「お〜いお茶」が生まれたのはそんな時期だったと思う。そして、そのネーミングは温かく少年の孤独を癒やしてくれました。

口をきかなくてすむ。でも、優しさが欲しい。そんな屈折した心情に応えたのが、こうした語りかけの話し言葉のネーミングだったのです。

スーパーの普及と、話しかけネーミングの出現は、こんな空気から生まれたと僕は思っています。そんな都会人の寂しさにネーミングが最初に応えたのが、1970年代のスーパー。そしてその後、コンビニが普及してさらに拍車がかかる。「ごめんね。」「どんなんでんねん」「じっくりコトコト」などが、コンビニの棚から温かく優しく語りかけてくれることで、少年たち（だけでなく、あまねく都会人＝実は都会に住む地方人）は癒やされるのだった。

さらに、自動販売機。口をきかなくていい場所といえば、スーパー、コンビニ以上にクールな存在がベンダーであろう。ベンダーの前に立つ少年に、商品名は、さらに温かく語りかけるのでした。

話しかけ言葉ネーミングは、都会の孤独の増殖と深い関係にあったのです。

「悟空」や「極烏」へ
漢字の力で訴える。

「キリン　烏龍茶　極烏（ごくう）」2005年
提供：キリン株式会社

安売りに見えないネーミング

あれは、航空券のバーゲンが巷《ちまた》で加速し始め、ついに耐え切れなくなった日本航空（ＪＡＬ）が、断腸の思いで自ら安売りを始めるという、最初の商品だったと思う。

今でこそＪＡＬやＡＮＡが行っている割引商品は当たり前のこととして通用しているが、当時は頑として定価を守っていました。「早割」だの「ビジ割」だの「超割」も、まだなかった。割、といえば「学割」くらいのものだった。航空会社ばかりではない。家電メーカーにも小売希望価格なんてものが、まだなかった時代です。正価が正々堂々とまかり通っていました。

大手航空会社は、世間で繰り広げられていた安売りに苦りきっていた。と思っていたら、極秘に新商品の開発が進んでいて、ある日そのネーミングを頼みたいと、依頼を受けました。たしか1993年の秋だったと記憶している。JALの仕事を長年やっていたコピーライターの大先輩、福沢一也さんから電話があって「餅は餅屋だからさあ、ネーミングの岩永くんに頼みたいのよ」ということで、JALの宣伝担当と直接作業をしました。

ネーミングは横文字やカタカナ全盛の時代です。JALでは前後して「リゾッチャ」というパッケージ商品を出しています。たしか糸井重里さんが名付け親だった。あれはあれで商品の性格上かるいカタカナネーミングでよかったのだけれど、今回の商品は安売りのイメージを出したくない、というのが担当者の指示だった。安売りなんだけれど、そう見えたくないという屈折した思いが、その指示に滲んでいました。

漢字は豊かな表現手段

それでは漢字でいきましょう、ということになり「悟空」に決まった。

「空を悟る」の意です。空を駆け回る知恵をすべて身につけると（つまり、しょっちゅう飛行機に乗っている飛行機旅行通は）悟りをひらく。一番の航空旅行術を知る。それが「悟空」であると。

もちろん、自在に空を飛び回るあの孫悟空でもあるわけで。そもそも孫悟空の悟空は、そういう意味ですからね。というわけで、ロゴのそばには孫悟空のキャラクターイラストが、載りました。

漢字の持つ力はすごい、とそのとき肝に銘じました。たった二文字で、こんなにいろいろなことを想起させる。物語性が豊かなのです。カタカナやひらがな、ローマ字ではこうはいかない。日本語に漢字があってよかった。日本語ってなんと豊かな表現手段を持っているのだろう、と改めて思ったことでした。

話は突然、現在に飛ぶ。近年顔を現した新烏龍茶、キリンの「極烏」です。

これでゴクウと読む。悟空と同じ音ですね。「極生」「生黒」と漢字二文字のネーミングで成功したキリンの、発展形かもしれない。「極生」の「極」と同じ文字を使ってもいるし。極め付きの生から、今度は極め付きの烏（烏龍の頭文字）につながっている。いやきっとそうにちがいない。二文字の傑作ネーミング。

黒々とした烏龍茶のイメージが、おいしそうではありませんか。

「○|○|」から「活蔘28」へ
記号ネーミングの尖兵たち。

「キリン
対乳酸プロダクト 903」
2004年
※すでに販売を
終了しております
提供：キリン株式会社

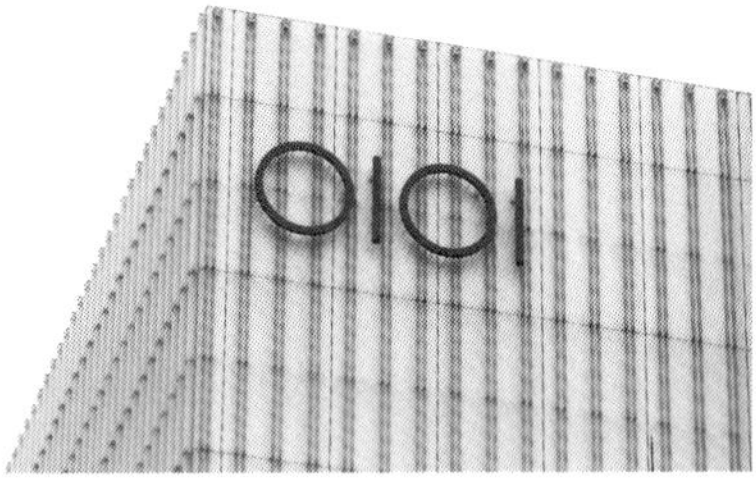

「○|○|」キャンペーンを開始 1973年

「活蔘28」1994年
提供：株式会社明治

記号的な数字のネーミング

問題は、数字である。記号といってもいいかもしれない。最近、やたらと目につくのが、記号的な数字のネーミングです。

「175R」と書いてイナゴライダーと読むのだという。ロックバンドの名前だ。「一十三十一」は、さてなんと読むか。ヒトミトイ、と読む。シンガーソングライターの女の子。よく見ると、回文になっている。読みではなく、数字の回文です。なーるほど。

商品名だって負けてはいない。「903」は今はやりの機能性飲料です。読み方はキュウマルサン？　なぜ903なのか。どうもク・エン・サンと読んでほしいらしい。なるほど、クエン酸が入っているサプリメント飲料なのです。

歌の世界でもう一つ。「D51」はデュオ。このあたりにきて、僕のタイムスリップが始まった。

記号ネーミング、数字ネーミングの記憶……。「D51」といえば、僕にとってはデゴイチです。石炭の真っ黒い煙を吐きながら、貨物列車を牽引していた「デゴイチ」。遠い少年時代の記憶が、煙の臭いと一緒によみがえってきます。貨物機関車がDで、客車機関車がCだったような気がします。

僕の少年時代、中国地方の単線の、田んぼの中を走る機関車たちのネーミングは、記号だった。数字だった。

そのはるかな記憶の向こうで、突然、「イ号」「ロ号」という名前が僕の脳裏に走った。潜水艦のネーミングです。

僕のタイムスリップは一気に遠い過去に突入する。いや、そんな記憶が幼児の僕にあるとは思えない。戦後の少年期に何かで見聞きしたのかもしれません。

アニメのもじりや地口《じぐち》も使う

しかし、ともかく帝国海軍の潜水艦の名前は「イロハ……」であった。まさに記号ネーミングの先駆である。実に分かりやすい規則的なネーミングの仕組みだ。海戦でのネーミングの役割を認識して、実に機能的な命名をしていたものである。

さて、潜水艦の「イ号」「ロ号」から半世紀以上を経て、その記号ネーミングの系譜は蘇る。

「〇|〇|」まるいまるい。丸井です。数字の当て字。そして電話番号は全国全店、0101にした。さらに「〇|〇|」は発展して、〇|〇NE／〇|MEN／〇|CITY／〇|YOUNGと「〇|〇|」に似た字面を組み合わせ、新店舗の性格に合わせて名

付けていきます。単なるネーミングの域を超えて、ＣＩ（Corporate Identity）にまで発展させました。ブランディングの骨子を、ネーミングで作り上げたといっていい。

さて、ようやくタイムスリップは現在に近づいてくる。

１９９０年代の初め頃だったろうか。明治製菓から、高麗人参入りのドリンクが出た。「活蔘《かつじん》28」と僕が名付けた。あの「鉄人28号」のもじり。地口（語呂合わせ）です。数字、記号ネーミングの宝庫であったアニメ界からのパロディでした。

「活きいき元気になる、人蔘のエキスと栄養素が28種」を表現したこのネーミングには、実はもう一つ隠れた事情がありました。商品企画の段階では栄養素は25種だったのです。ネーミングが決まってから急遽28種に増やしたのです。

ネーミングが商品企画を変えた稀有なケースといえるでしょう。

製品企画とコラボしたネーミング。これも、記号ネーミングのユニークな一ページです。

「OZONE」から「SUGOI-ZONE」へ

ゾーンは、ドンドン進化する。

新宿に巨大ショールーム誕生

1994年、新宿副都心のはずれに、超高層のビルができる。その最高層部にはハイアットホテルが入る。都庁ビルが当時日本一の高さを誇っていたが、それを数メートル凌駕するという。設計は建築家の丹下健三さん。都庁ビルと同じである。

その三階から八階までの六フロアに、インテリアのショールームを展開する、というプロジェクトでした。

あちこちに散らばっている各社のショールームを一堂に集めて、インテリアのことならここ一カ所ですべての用が足りる施設をつくる、という画期的なプロジェクトでした。TOTO、松下電工、INAXをはじめとするキッチンメーカーを中心に、あまねく建築設備メーカーの新製品を展覧しようというのです。

その企画主体が東京ガスだった。というより、そのビル自体が東京ガスのプロジェクトでした。ガス会社がプロデュースする空間。だから、台所まわりを中心としたインテリアショールームなのでした。

　さて、そのネーミングである。

ここは、インテリアの0《ゼロ》地帯である。ここから暮らしのすべてが始まる。基点であり、起点である。そのための空間である。

　まだコンクリート打ちが続いていた頃、コンセプトワードが決まった。“LIVING DESIGN CENTER”。この一行は、のちにスローガンとなってネーミングのショルダーに掲げられることになります。

　ここは単なるショールームではなく、デザインセンターである。暮らしのデザインの集積だ——と宣言をすることで、従前のショールームとは一線を画す姿勢を鮮明に打ち出したのでした。

エコロジカルな空間

　そのコンセプトに向かってネーミング制作の作業が進められました。次代のリビングを彷彿とさせるエコロジー感、健康感。その上で、その空間を気持ちよく伝える豊かでおお

「スゴイゾーン」

「OZONE」1994年

らかな語感……を求めて推敲が重ねられました。

最終的に決定をみたのが「OZONE」でした。

酸素が三個くっついた「O^3」。あのオゾン。気体の名前です。空間という意のZONEがちゃんと入っている。いわばゼロのZONE。「ゼロ空間」でもある。そして、何よりもうれしいのは、プロジェクトの主体の東京ガスと同じキーワード、気体がモチーフになっていることでした。隠し味です。

オゾンは気体の一種。東京ガスの新しいガス気体であり、エコロジカルな空間であるという次第であった。

ロゴは小島良平さん。Oの字を円に見立てて、四角いスペースとの組み合わせ。空間の基本要素である円と方形で、リビングデザインの理念を、見事に表現しました。

まさにOのZONEです。

まもなく、あのイギリスのザ・コンランショップが二、三階に入ることが決まります。「OZONE」は次第に具体的な姿を示していきました。ブランディングとCI（Corporate Identity）の始まりです。

空間の表現としてのZONEという語が意外な場面で登場するのは、その直後でした。

ビクターの「SUGOIZONE」。こちらは音の世界でした。サウンドの空間性を表現した、ラジカセのネーミング。しかも、その半身は日本語です。それはそれで、画期的な「すごい」ネーミングの登場でした。

「ASTEL」から「nudio」まで
ケータイの歴史と共に。

「ASTEL」1995年

子機が、外に出るんだ

「室内の電話に、無線の子機があるでしょう。あれと同じだと考えてください。それを外に持ち出せる、と思ってください。便利でしょ？　そのために、町中にアンテナを立てる。簡単にアンテナを設置できるのは、電柱です。だから電力会社が主体となって作った会社なのです。なにせ、日本中に自社で電信柱を持っていますからね。アンテナ立てるのに遠慮はいらない」

何の話だと思いますか。初めてＰＨＳ電話が生まれる数カ月前に、何度聞いてもその実体が理解できない僕らに、クライアントが噛んで含めるように説明してくれた、オリエンテーションでした。

1995年頃のことでしょうか。

なるほど。子機を持ち歩いているのと同じだから、家庭電話並みに使用料が安いのか、と妙に納得したことを覚えています。近々ケータイが、家に帰ると自動的に固定電話とつながる。つまり家庭内では子機化するサービスが始まる、というニュースを読んで、PHSが生まれたあの頃のことを、思い出したのでした。

しかし当時は、なんせ世の中にまだ存在していないものの説明を受けて、そのネーミングを考えるのだから、今考えても大変だったわけです。

困り果てた僕が提案したのが「ASTEL」というネーミングだった。作る人間が実感を持てないから、こんな抽象的なネーミングになる。クライアントは、よくぞ決断してくださった（その時期、アステルはまだ立ち上がっていなかった）。

明日の電話だからアステル

何のことはない。明日（あす）のTEL（テル）の略である。瓢簞から駒というやつだろう。立ち上がりの広告に赤塚不二夫さんの『天才バカボン』（竹書房）の一家を総動員したこともあって、知名度を一気に獲得しました。

明日の電話、という成り立ちが分かりやすくて覚えやすかったのでしょう。社名もアステルとなって、PHS業界のみならず、ケータイ業界でそれなりのポジションを確保しました。それが、消滅するという。「ASTEL」がなくなるという。時代ですね。ケータイが思わぬ方向へ巨大な増殖を遂げた。その波に乗れないで、いまや病院や会社内のいわゆる「B to B」需要に絞られていたらしい。むべなるかな、です。

ケータイは、多様化、多極化に向かっています。その一つがデザインでしょう。同じような機能ならデザインで勝負、というわけです。

Vodafoneの「nudio」は、その典型でした。表面が触り心地のいい裸の彫刻のようなデザイン、がテーマのケータイでした。だから裸＝NUDEがキーワードになっている。表面にある小さな窪み（凹）が美しい、芸術品のような第一印象で、実は他にいいネーミングができたんだけどなあ。

ART BOCO（アールボコ）、デコラティブな「ART DÉCO（アールデコ）」の反対。窪みがあるからボコ。シャレです。覚えやすいし、デザイン特性を言い得て妙でしょう。ボツになってしまいましたけれど。

時代は変わる。ネーミングも様々に変わる。そのVodafoneはいまやソフトバンクの傘下です。ネーミングはまさに、マーチャンダイジング（商品化計画）やマーケティングといった経済活動を映す鏡です。

［ああ、スポーツの空気だ。］と［FIELD］

余暇の時代は、汗の時代へ。

『Number』
創刊号
1980年

MARUI SPORTS
FIELD

「株式会社丸井『フィールド』」1992年
提供：株式会社丸井グループ

新たに生じた余暇に、新しい矢を放つ

「ああ、スポーツの空気だ。」

ネーミングではないけれど、このキャッチフレーズに触れないわけにはいかない。伊勢丹の1979年のキャンペーンスローガンです。土屋耕一さんの名作として、僕の記憶にしっかり焼きついています。

このキャッチフレーズが発信される一年前、「こんにちは土曜日くん。」というキャンペーンが立ち上がっていました。週休二日制がようやく普及してきて、新しく生まれた余暇（そんな言葉がまだ健在だった）をどう過ごせばいいのか。なにせ、モーレツに働き続けてきて、休むことが罪悪だと言わんばかりの空気だった日本です。僕たちは働き虫の日本人だった。

その僕たちに、突然降って湧いた時間の余裕。正直、戸惑っていたといっていい。その少し前に「モーレツからビューティフルへ」というキャンペーンを、富士ゼロックスが提唱していたけれど、それはあくまでも抽象的な提言にすぎませんでした。理念を訴えたにすぎなかった。週休二日制によって生まれた新たな余暇時間を、どう過ごせばいいのか、という僕たちの不安に具体的に答えるものではありませんでした。

その不安に向けて矢を放ったのが「こんにちは土曜日くん。」であり、具体的な提言としての「土曜日には汗をながそう」だったのです。

コピーが時代を動かした

まず、新しく生まれた具体的な余暇は土曜である。そのことを楽しげに歌い上げておいて、次に「汗をながそう」と提案してくれたのです。

そうか、汗かあ。忘れていたなあ、汗の歓びを。と僕たちが遠いところを見るような視線になったところで、次なるキャンペーンが放たれます。

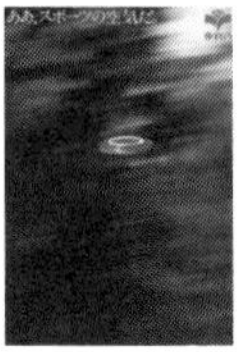

伊勢丹のキャンペーン
1979年

「ああ、スポーツの空気だ。」

そして、伊勢丹全店が、土曜日の新しいライフスタイル「汗＝スポーツ」一色になっていく。キャッチフレーズが、マーチャンダイジングテーマになっていったのです。全フロアで、スポーツライフというトレンドを打ち出していきました。

言葉が百貨店を動かし、言葉がライフスタイルを変える、という類いまれなムーブメントとなった。大げさにいえば、コピーが時代を動かした。時代を牽引するようなコピーにとんとお目にかからなくなって久しい今日この頃から振り返れば、信じられないパワーを持った言葉の出現だったのです。

間もなく、周辺のマーケットが追随する。一気に、時代はスポーツをしようという空気になっていきました。

画期的なスポーツ誌『Number』が発刊される。さらに時代は下って『Tarzan』が出る。そして今はなき『VS.』が続く。――という系譜の源は、実ははるか遠く「こんにちは土曜日くん。」だったと僕は言い切ってしまいたい。

「FIELD」は丸井のスポーツ館である。こちらは一館丸ごとスポーツにしてしまった。「するスポーツ」だけではない。「見るスポーツ」のためのライフスタイルの提案。そのマーチャンダイジングは、伊勢丹と並走する。ネーミングしたのは土屋さんの弟子を自称している僕、岩永です。

「à aire」から「GU」まで
「会える」から「自由」へ。

à aire

「ア・エル」2002年

UNIQLO　GU

「ユニクロ」「ジーユー」
1984年、2006年にそれぞれ第1号店出店
提供：株式会社ファーストリテイリング

トレンドの先端をいく店名たち

たしか渋谷のPARCOができて、まだ幾年も経っていなかったと記憶しています。銀座の老舗のワシントン靴店が、そのPARCOに新店舗を出すことになった。1985年頃だったと思う。女性専門のお店です。

渋谷公園通りという土地柄を考えると、「ワシントン」という重々しく格調のあるブランドで、そのまま出店するのはいかがなものか。今までのワシントンはあくまで銀座のブランドでした。だからロゴは必ず「銀座ワシントン」。

「Essay」1985年

靴の中敷きには「GINZA WASHINGTON」と洒落た書体でブランド名が打ち込まれていました。きっと今でもそうです。

そのワシントンではなく、トレンドの先端をいく女性のための新しい靴。そんな靴を並べた店を目指そうということになりました。渋谷PARCOに出るからには、軽妙でおしゃれなブランドネーミングで出ていきたい。その思いからネーミング作りが始まりました。

靴は「歩み」である。人生は歩みで時を刻むもの。歩みで人生という物語を書いていく。女性は、文章をつづるように、歩んでいく——。そんなちょっと文学的なコンセプトで、ブランドネーミングを立ち上げよう、ということになりました。

「Essay」。英字だけのロゴで、新店舗は誕生しました。そのネーミングが生まれる段階で、「書く」から発展して、記事、新聞といった範疇、ジャーナリスティックな言葉も俎上に載せました。

「HEADLINE」「CHAPTER」「CATCHPHRASE」「INDEX」「NEWS」……いやあ、どれも捨てがたい、ボツにするには惜しい、ということになって、すべてブランド名として使うことになりました。その後、新店舗の名称としても展開することになる。

靴や靴店の名称に、こんなジャーナリスティックな、ちょっとジャンルの違う言葉を与えたことが刺激的だったのでしょう。そして、ワーキングガールたち、先端を行く女性の感性にマッチしたのでしょう。その商品と店舗展開は目覚しいパワーを発揮したようです。

メッセージを音《おん》で発信するネーミング

あれから三十年近く時は流れ、いまやこうしたジャンル違いの意表をつくネーミングが、ファッション界ではすっかり一般的になっていますが、当時は先鋭的でした。今でも「Ｅｓｓａｙ」の前を通るたびに、古めかしくなっていないなあ、と懐かしく思い出されます。

さて、こちらはファッションの主役、アパレルです。ＯＮＷＡＲＤの女性ブランドネーミング「àａ・ｉｒｅ（ア・エル）」。髙島屋とのコラボレーションで生まれました。2002年の誕生。空へ飛べ、といったような意味です。「逢える」の音《おん》になぞらえて、本当の自分の服との出逢いをうたいました。

四十代から五十代の女性が着る服が、実はない。ヤング中心のファッション界に一石を投じるというコンセプトは、ちょうど婦人雑誌の世界でも求められていて、あの『ＳＴＯＲＹ』と前後して産声をあげました。そういえば『ＳＴＯＲＹ』というのはなんだか『Ｅｓｓａｙ』と親戚っぽいですね。言葉の位相が同じで、ジャンルが似ている。「àａ・ｉｒｅ」の方は、ここ数年の和語ブームを反映して、音《おん》で勝負しているネーミングです。

「ＵＮＩＱＬＯ」登場は、ごく近年ですが、これは、コンセプチュアルなネーミングの典型でした。「Unique × Clothing = UNIQLO」という掛け算ネーミングです。「他にない身近な衣服」というメッセージを込めている。でも、その言葉の仕掛け以上に、音がいい。発音しやすい。世界中どの国の人でも、読みを間違えようがない。グローバルな展開を見据えてのネーミング設計でしょう。

そして、そのユニクロを手掛けるファーストリテイリングが若者向けに新しいブランドを立ち上げた。「GU」です。ジーユーと読む。自由と聞こえる。視覚的な読みやすさと覚えやすさを打ち出しつつ、見事に音《おん》にメッセージを込めて発信しました。

ネーミングは世につれ、世はネーミングにつれ、ですね。

3

進化の歴史は続く「ネーミングNOW」

part.1

ネーミングが、キャッチーになってきた

［バスタ新宿］

三位一体ネーミングで、新宿を新発信！

「バスタ新宿」2016年 ／ 「NEWoMan」2016年

新宿が目を覚ました。増殖する街だと、かねがね思っていた。無秩序な秩序とでもいえばいいのだろうか、不定形なフォルムで発展を続けてきたのが新宿だった。その新宿が、JR新宿駅南口を舞台に新しい秩序を構築しつつある。

その先駆けが2016年3月に開業した大型複合ビル「JR新宿ミライナタワー」と商業施設「NEWoMan（ニュウマン）」だ。また「バスタ新宿」が4月に入って産声をあげた。JRなどが主導するプロジェクトだ。三つの施設は機能が違うが、三位一体となっ

「JR新宿ミライナタワー」2016年
提供：東日本旅客鉄道株式会社

て新宿の新しいステージを作り上げたように見える。

「**ミライナタワー**」はオフィスを上階に抱えた複合ビル。ネーミングは、渋谷ヒカリエなどと同質の抽象表現で理念を打ち出した。未来の都市生活を見据えたタワーである、と宣言しているわけだ。

「ニュウマン」は「ミライナタワー」などに入る商業施設。具体的なマーケティングコンセプトを前面に出したネーミングで、ターゲットにはっきりと女性を指名した。女性を主役に、という時代のテーマにぴたりと的を絞った。潔い焦点ネーミングだ。

ただ、やや伝わりにくいと考えたのか、サイネージ広告などで「Ｎｅｗ Ｗｏｍａｎ」と解説的にフォローしている。たしかに「ＮＥＷｏＭａｎ」という造語はちょっと読みにくい。狙いはＮｅｗ×Ｗｏｍａｎなのに、単に「新しい人」と読めてしまう。ロゴデザインのせいかもしれない。

この二つの施設を抱き込むように「バスタ新宿」が誕生した。新宿のあちこちに点在していたバス停を一堂に集めて、日本最大のバスターミナルをこしらえた。こちらのネーミングはちょっとパスタみたいに聞こえてかわいい。バスターミナルの短縮形だ。なんだか元気のいい音《おん》で一気に知名度も上がることだろう。

三つのネーミングがセットとなって、新しい新宿のコンセプトを発信し始めた。ここでも結局、ネーミングが「情報の核」なのである。

「ぐびなま。」

「生」戦争は、第三のビールへ。

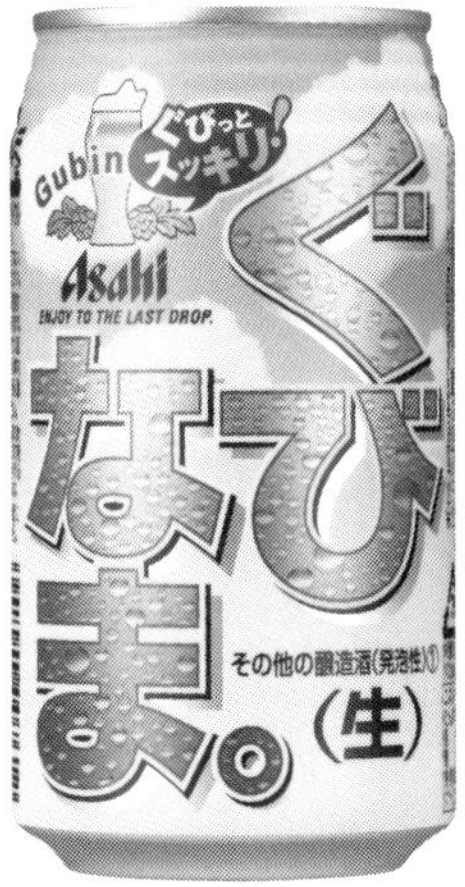

「ぐびなま。」
※すでに販売を終了しております
提供：アサヒグループホールディングス株式会社

夏にビールを飲んでいると、いやあ、圧倒的にナマですね。ナマ戦争。「生」が主役です。

キリンが「のどごし〈生〉」
サッポロが「雫〔生〕」
サントリーが「ジョッキ生」
アサヒが「ぐびなま。」

あれ、アサヒの「ぐびなま。」には「モーニング娘。」みたいに、句点の「。」が付いている。コピーライターの僕としては、ここんところが妙に気になって、電車の中づりをし

「キリン　のどごし〈生〉」
2005年
提供：キリン株式会社

げしげ眺めみて、驚いた。

ロゴが「ぐびなま。」、キャッチフレーズが「ぐびっと、うまい！」。小西真奈美の顔の上にも「ぐびなま。」。しつこいくらいのネーミング連呼です。この「。」はどうやらネーミングをキャッチフレーズに見せたい仕掛けであるらしい。とにかく「ぐびなま。」はビールのシズルと喉の感覚が、見事に即座に伝わるオノマトペ（擬音）ネーミングで、他を圧している。僕は「ぐびなま。」に軍配を上げます。首位を取られたアサヒが、起死回生を狙うネーミングだと感じ入った。

と、ここまで書いて、あれ、ビールと呼んでいいのかな、と不安になった。調べてみたらやっぱりビールと呼んではいかん。

「雫［生］」は発泡酒。「ジョッキ生」はその他の雑酒。「**キリン　のどごし〈生〉**」も同じ。「ぐびなま。」に至ってはその他の醸造酒なんだそうだ。ひっくるめて、第三のビールと呼ぶのだという。へえ～、そうなんだ。

おーい、昔の名前で出ている生ビールやーい！　どこへ行ったんだい。美味くさえあれば、分類はどうでもいいけれど。

「うどん県」
周辺自治体を、どんどん刺激！

「うどん県」2011年
提供：公益社団法人香川県観光協会

香川県観光協会のキャンペーンです。「うどん県」というのは県広報のスローガンなのだけれど、いわばニックネームの体裁をしている。呼び名＝ネーミングなのだ。この合言葉のもとに県をあげて盛り上げた、というよりこのネーミングに乗って様々な企画を展開した。一致団結うどん県、となったのである。

その中心は、もちろん商品企画。讃岐うどんを真ん中に据えた企画は当然として、そこから発展して「うどんかりんとう」「うどんアイス」「うどんバーガー」「うどんソフトクリーム」「うどんドロップ」と続いた。うどんで作った「うどんドレス」や「さぬきうどん風呂」という入浴剤まで生まれた。サッカーチームのユニホームにももちろん「うどん県」の文字、地元鉄道会社のゆるキャラ「ことちゃん」も「ぞぞー」とうどんをすすっている。

ことほどさように徹底したキャンペーンで、県のプロモーションを推進中である。そしてそのコピーはその後こう変わった。「うどん県。それだけじゃない香川県」。うどんは象徴だ。アイコンだ。一点突破、それだけじゃない香川県の魅力アピールに移ろうというわけである。

しかしこのキャンペーンの功績は、香川県だけにとどまらなかったことにある。

周辺の県がいち早く反応した。なかでも瀬戸内海を挟んだはす向かいの広島県の反応は早かった。「おしい！　広島県」。これがスローガンだ。「おしいは、おいしいの一歩手前。」と、名産の牡蠣、広島風お好み焼き、レモン、さらには源氏に負けた広島ゆかりの平家まで持ち出して、「最後に負けておしい」と嘆いてみせる。「広島県おしい！　委員会」を立ち上げて「マンスリーベストおしい！」を県民から募集もした。

とにかく、「うどん県」は地方のマーケティング活動に火をつけた。野火のように広がる気配である。

「MAZDA Zoom-Zoom スタジアム広島」

キャッチフレーズを、球場名にしてしまった。

プロ野球中継をラジオで聴いていて、いつも不思議な感覚にとらわれる。「Zoom-Zoom（ズームズーム）球場からカープ対タイガース戦をお送りしています」。あれ、このズームズームってキャッチフレーズだぞ。マツダのクルマのCMでいつも聞く。疾走感を小気味よく表現したオノマトペ（擬音）のうたい文句だ。

「MAZDA Zoom-Zoom スタジアム広島」は新しい広島市民球場のことで、マツダがネーミング・ライツ（命名権）を持つ。球場名にキャッチフレーズを盛り込んだことで、強烈なインパクトと訴求力が生まれた。

ネーミング・ライツはスポーツ施設や文化施設などの名前を決める権利で、買い手企業の大半は施設に企業名や商品名を冠している。知名度やイメージの向上につなげるのが狙いだし、長続きする名前でなければ施設の冠にできないから、いきおいブランド名になる。球場名に使ったということは、ズームズームをマツダは長期間使っていくつもりなのだろう。

「MAZDA Zoom-Zoom スタジアム広島」
2009年
提供：広島市民球場指定管理事務室

そうした中で、それ自体がキャッチフレーズ風のおもしろい施設名がある。
「Befcoばかうけ展望室」→「Befco」も「ばかうけ」も栗山米菓のブランド名
「モリリン加瀬沼公園」→「モリリン」は、杜の都信用金庫のマスコット名
これらは名前そのものがキャッチコピーのようだから、印象的なのだ。ずばりキャッチフレーズを施設ネーミングにしたもので、マツダのズームズームの他に目立つものはないのかしらん、と探していたらこんな事例を見つけた。
「北海きたえーる」→北海道立総合体育センターの新しい愛称
同センターのもともとの愛称は「きたえーる」だったが、これは北海学園のスローガンでもあるのではないか。いずれにせよ、訴求テーマがはっきりして小気味いい。

「ウツクシeK」
クルマは美しく進化する。

「ウツクシeK」2013年キャンペーン
提供：三菱自動車工業株式会社

「ウツクシeK」の広告に出合ったとき、クルマのネーミングもついにここまで来たか、と思った。

「ウツクシeK」は三菱自動車の新型軽自動車「eKワゴン」のキャンペーン。ネーミングかキャッチフレーズか、どちらでもいい。イメージではなく、商品特性を訴えるという、クルマのネーミングにおける新しい役割を果たしているのである。

クルマのネーミングは、あくまでイメージが主流。「クラウン」は「王冠」、「セドリック」は「小公子」、「ブルーバード」は「青い鳥」。

こんな古い例を引くまでもなく、今をときめく「プリウス」も、ハイブリッドという売りを表出してはいない。単なる記号にすぎない。

「ウックシｅＫ」は、そんな常識を大胆に破って、特性を具体的に打ち出した。ＵＶカットガラス採用やリアビュー付きミラーをはじめとした数々のアピールポイントを、「美しく＝ウックシｅＫ」と宣言する。ターゲットをきっぱりと女性に絞ったマーケティング戦略の結果であろう。イメージ的、記号的なクルマのネーミングの流れの中で、まるで化粧品のような表現を打ち出したことは、画期的といっていい。

化粧品では近年、特性訴求のネーミングが主流となっている。かつてはイメージが主流で、英語やフランス語だったネーミングが、機能を表出した和語で「ＨＡＫＵ」とか「ｓｕｉｓａｉ」とかになってきた。クルマに近い耐久消費財の家電も、一足先に、特性訴求のネーミングに転じていた。かつては「青空」「琵琶湖」といったイメージネーミングが、「からまん棒」「白い約束」といった特性表現に変遷していった。

クルマのネーミングが、彼らにようやく追いついた、と言っていいのかもしれない。

［ＯＦＦ］
ゼロも解放感も表現して。

「アサヒ オフ」2016年リニューアル
提供：アサヒグループホールディングス株式会社

近年、飲料のトレンドはどうやら「ＯＦＦ（オフ）」であるらしい。発泡酒や第三のビールなどビール系飲料のＯＦＦブームは長い。ノンアルコールということだけではなく、糖質やカロリーを減らしているという意味だ。メタボリック症候群対策としてのトレンドである。

アルコールのＯＦＦは道路交通法改正で飲酒運転が厳罰化されたのに伴って一時は市場をにぎわせたが、近年はさほど目立たない。ビール系飲料はやはり、アルコール抜きだと魅力がないのだろう。

清涼飲料もＯＦＦを宣言している。「コカ・コーラ」が「ｚｅｒｏ」とくれば、「ペプシ」はパッケージに「ｄｉｅｔ」と大書する。コカ・コーラは「砂糖とカロリーがゼロである」と製品の成り立ちを説明。ペプシは「ダイエットにいい」と飲んだときの効果をアピールしている。

もちろん、ビール各社も力を入れている。サントリーのウェブサイトを検索すると、「Ｄ.ｉｅｔ！　飲むカロリーは控えめに。」と発泡酒「ダイエット〈生〉クリアテイスト」をＰＲ。キリンビールも、「糖質ゼロ」の発泡酒「ＺＥＲＯ」を新しい味とパッケージの商品に切り替えた。

アサヒビールの第三のビール「アサヒ オフ」もこうした流れに沿った製品といえる。特に小憎らしいのが広告とのコンビネーションだった。

発売当初のキャッチフレーズは“I'm OFF.”。テレビＣＭも、休日（ＯＦＦ）に仕事などから一切解放されたすがすがしい気分で、カロリーオフのビール系飲料を楽しむシーンを想像させる内容だ。“I'm OFF.”が商品名にすら見えてくる。ネーミングとうたい文句の絶妙のコンビネーション効果を狙った作戦がおもしろい。

「世界のKitchenから」
キャッチフレーズ？　ネーミング！

「キリン　世界のKitchenから」2007年使用の広告
提供：キリン株式会社

文字だけの広告である。新聞1ページの全面15段に、コピーだけが並んでいる。「世界の〝うまい〟に負けられない。」「世界の〝お母さん〟に負けられない。」という二つのキャッチフレーズにはさまれて、ど真ん中に、「世界のＫｉｔｃｈｅｎから」というコピーが鎮座ましましている。その上に赤い文字で「ＫＩＲＩＮ」のロゴ。これら巨大な文字を支えるように、紙面の下に、こんなボディーコピーが続く。

「世界の家庭を訪れると、まだまだ知らない

〝おいしいもの〟がある。すごく、おもしろい。ちょっと、くやしい。メーカーとして負けてはいられない。キリンビバレッジの新ブランド〝世界のキッチンから〟はじめます。」

なるほど、そうなんだ。このど真ん中にあるコピー「世界のＫｉｔｃｈｅｎから」は、実はキリンビバレッジの新ブランドのネーミングなんだ、とここで初めて気付かされる。最初この広告が目に飛び込んできたとき、巨大な文字のすべてが、キャッチフレーズだと思った。なるほど、ど真ん中が、ネーミングだったんですね。

考えてみれば、広告の読者にとっては、どれがキャッチフレーズであろうが、どれがネーミングであろうが関係ないし、送り手からすれば、凝縮された一つの情報が消費者に届けばいいのだ。それが、キャッチフレーズでも、ネーミングでもかまわないのである。

まるで、キャッチフレーズの一部のようなネーミング。まるでコピーのようなネーミング。商品を伝える言葉の核は、様変わりを続けている。

［住む。］
ネーミングに「。」が付いた！

『住む。』（2016年 59号）

『住む。』。なんと、句点の「。」が付いている。この姿は、ふつうは文章だろう。これが、れっきとしたネーミングだから、驚いた。

本屋で思わず立ち止まった。雑誌名である。最近の雑誌は本文の見出しが表紙に所狭しと並んでいるものだから、最初その類いかと思ったのだが、何度見てもこれ以外に誌名がない。明らかにこれがネーミングなのだ。

そういえば、と思い出したのが「モーニング娘。」である。句点のマルが付いたネーミングの先輩格だ。記事の文中に彼女たちが出てくると、例えば「それは、モー娘。だ。」

「カロリ。〈地中海レモン〉」2003年
提供：サントリーホールディングス株式会社

とマルが続く。記者泣かせだろう。なんだかやだね。読む方の僕も戸惑うけれど、まあしかし、ともかく妙な目立ち方をするのである。

これはまさに、ネーミングNOWなのだろうか？　と見回してみたら、あった、あった。「スゴ録。」――。ソニーが販売しているDVDレコーダーだ。堂々とマルで止めてある。もう一つあった。「**カロリ。**」――。サントリーのローカロリー・チューハイだ。ここにも句点のマルが、ドカンと付いている。

なんでだろう、なんでだろう……と（お笑い芸人の）「テツandトモ」のように考えてみて僕は、このネーミングに付いた句点のマルを、とにかく目立たせるための「文章体化」である、との仮説を立てた。「文章体化」ということは、つまりはキャッチフレーズ化ということではないだろうか。

ネーミングのキャッチフレーズ化という僕の持論に、我田引水したのであった。

句点は読むための、呼吸のためにある。マルを付けるということは「声に出して読んで欲しい日本語」を目指しているのかもしれない。

「ゴリラの鼻くそ」
なんだか分からん名称、目立ったら勝ち？

「ゴリラの鼻くそ」
提供：有限会社岡伊三郎商店

原田宗典の『分からない国』（集英社）という小説がある。その国ではすべての出来事が分からない。答えがない。しかし、分からないことでいろんなことが巧みにつながっていくという、分からない小説だ。しかしおもしろい。

最近「分からない商品」がやけに目につくようになって、その小説を思い出した。いや、「分からない商品名」が増えてきたといった方が、正しいかもしれない。

なんだか分からないのだけれど妙に気になってうなされるのである。気が付けばネーミングの「分からない国」に迷い込んでいる。戸惑いつつ、しかし手を伸ばしているのだ。「妻せつ子」。なんと、トマトのネーミング。八代トマト流通センター(熊本県八代市)の社長の命名だそうだ。しかも社長の妻の名前ときたから、さあ、もう分からない。ついでにいえば孫のニックネームを付けた「ミーちゃん」はミニトマト。どちらもスーパーで人気者だそうだ。

「ソルティドッグ」。これも仰天名。なぜならパンティストッキングのネーミングだからだ。しかもマッサージ塩付き、グレープフルーツ付きならぬ香り付きだ。なぜかダイエット効果があるらしく、カロリーオフと銘打っている。

このくらいで驚くのは早い。

「ゴリラの鼻くそ」。これはなんと甘納豆。黒豆薄甘納豆である。うーん、たしかに形が似ているなあ。動物園の売店で売り出したところ子供たちに人気爆発、大ブレイク。やがてスーパーでもメジャー商品になってきた。島根県からいまや全国制覇を目指す。なんだかよく分からないけれど、すごい!

「分からない」「すごい」を連発して、首をひねりながら感心していたら、自分自身でそう宣言した商品が登場した。その名も「スゴイダイズ」。オカラを取り除かないで大豆を丸ごと使ったところが、スゴイらしい。いい忘れたが、これは飲料のネーミングである。

とにかく目立てばなんでもありか。ネーミングはついに「?の時代」に入ってきたのかもしれない?

［青天の霹靂］
全国展開へ、インパクト・ネーミングで勝負だ。

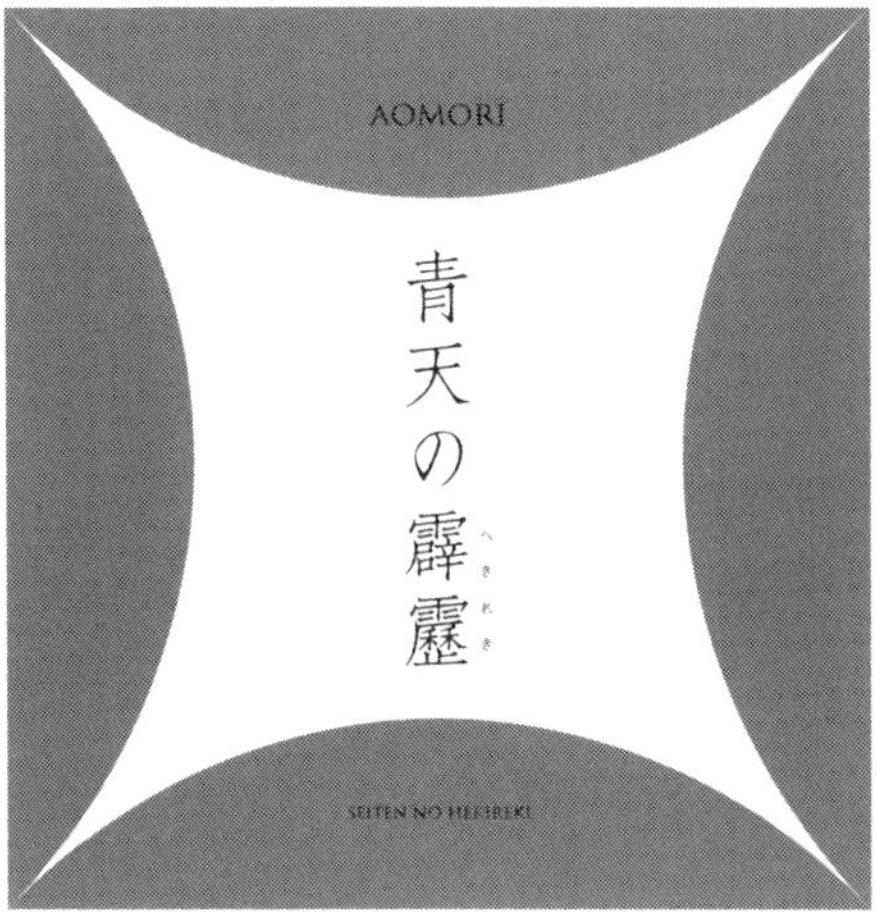

「青天の霹靂」2015年
提供：青森県

霹靂とは、雷のことである。真っ青に晴れた空に、雷光が走り雷鳴がとどろく。ああ驚いた、そんなイメージだ。

このネーミングを初めて見たときは、文字通り「青天の霹靂」だった。なにしろ、お米の名前ですからね。２０１５年秋にデビューした青森県の新品種だ。すごいネーミングだなあ、と仰天した。

これまでのお米といえば「あきたこまち」「ひとめぼれ」などから始まって「コシヒカリ」「ゆめぴりか」「きらら３９７」など米のツヤや味覚をテーマに置いてきた。「どまんなか」

という意表をついた変化球も出たけれど、おおむね女性的な印象を表現してきた。そんなネーミングたちを押しのけるように登場したのが「青天の霹靂」だ。新概念のネーミングである。目を向かせるだけを狙っての命名かと思わせながら、しっかりと新しい表現の種をまいている。

広告は、田んぼの風景である。真夏の青空のもとに広がる一面の田んぼ。太陽をいっぱいに浴びた稲穂の海。そこへ大自然の信号ともいえる雷がとどろく。天と地のドラマチックな光景を、お米の原風景として描いた。こんな表現はかつて例がない。

全国各地が雨あられと新種の米を開発する中で際立つには、雄大な真夏の風景、大自然の恵みのイメージで対抗するしかない。まさに青天の霹靂が、味や印象を表現してきた米のネーミングの群を抜くのにぴったりだったのである。

しかし、このネーミングの現実的な機能は実は他にある。かつて地産地消がテーマだった農作物は、いまやネットによって全国に消費者がいる商品となった。ネットによる流通革命がフィールドを巨大化する。「地産全消」へ。そこで目立つには商品特性を訴えただけではダメだ。ショックを与えて記憶にたたき込むインパクトが必須だ。その名前を検索サイトに打ち込ませることが、絶対条件だ。

「青天の霹靂」を書ける人は少ない。それでいいのである。キーを打てば文字は飛び出してくる。そしてマーケットが動きだす。書けないネーミングだって問題ないのである。

［アゴ強くん］

スーパーの棚から大声で強烈にアピール。

「アゴ強くん」2006年
提供：株式会社なるみ物産

昔「逆光強」というネーミングがあった。たしかカメラだったと思う。ストロボ付きのコンパクトカメラがすっかり普及して一般的になって、さて、その中での差別化。カメラが一番苦手としていた逆光被写体に対して強いストロボで写せる、という特長をアピールしたネーミングだった。そんな古い記憶がよみがえったのは、スーパーで「アゴ強《つよし》くん」を見たからである。

「逆光強」も人名っぽかったけれど、こちらはずばり、強くん。男の子の名前だ。ちゃんとイラストでその男の子が描いてある。口を

「歯固めスルメ」2006年
提供：株式会社なるみ物産

モグモグさせている顎の張った顔。そう、「アゴ強くん」は「するめいか」です。なるほど、こいつは一度見たら忘れられない。近年やわらかいものばかり食べて顎が退化しただの、歯が弱くなっただのと言われている子供たちに向けて（母親に向けてかもしれない）強烈にアピールしている。

「宣伝費ゼロですから、ネーミングで勝負するしかないんですよ。売れるか売れないか、100％ネーミングにかかっているんです」。製造元であるなるみ物産の商品企画担当の話。電話してみたらなんと広島市内の会社だった。

広告しない、あるいはできない小規模の商品を売るには、パッケージで勝負するしかない。ネーミングでアピールするしか方法がない。スーパーの棚から大声で自己紹介しなければ売れない。そして、その前にスーパーのバイヤーにアピールするネーミングでなければならない。「売れそうなネーミングでなくちゃ置いてもらえませんからね」と言った。単に「するめ」ではダメなのだ。

似たような商品で「なんでも噛んでも」という珍味もある。こちらはするめいかの胴、足、耳の全部が入っていることと、噛み応えを訴えたものだとか。もう一つ、同じくするめで

「歯固めスルメ」。

幼児の歯が育つ過程を歯固めという。ずばりそれを母親にストレートに訴求したという。パッケージに書いてあるキャッチフレーズが傑作です。

「ワッハ歯を大切に!!」

［フキゲン］
ネガティブだって、引力のあるネーミングに。

「フキゲン」2002年
※すでに販売を終了しております
提供：アサヒグループホールディングス株式会社

スーパーマーケットやコンビニを歩いていると切ない。棚に並んでいる様々な商品たちが、まるで呼び込みのお兄ちゃんのように、一つ一つが懸命に話しかけてくる。必死に叫んでいるように僕には感じられて、そのけなげさに胸が痛むのだ。

これだけたくさんの商品、それも同種のものがあると、隣のライバルより少しでも目立って注目されないことには勝負にならない。いきおい声高に、あるいは意表をついた物言いとなるのは、やむをえない。とにかく、取りあえず立ち止まってもらわなければ、勝負に

「鳥肌の立つカレー」2001年
提供：エム・シーシー食品株式会社

ならないのだ。

「**鳥肌の立つカレー**」を見たときは、僕はほんとに鳥肌が立った。僕には「怖いカレー」に聞こえてゾクッとしたのだけれど、最近では興奮、あるいは感動のあまり鳥肌が立つのだそうだ。それにしても、それがチキンカレーだったら、やっぱり僕は怖い。

広告はポジティブでなければならない、という大原則の裏をかいて、ある種のネガティブ・ネーミングで人の心を動かそうとする。消費者の意表をついて。

こんなのもあった。「フキゲン」という名の乳酸飲料。僕はこれ以上不機嫌になりたくないのだが、気になってつい手に取って眺めてしまった。不機嫌にならないうちに、隣の棚に行ったら、今度はこんなネガティブな言葉にぶつかった。

「値段は高いが」

1行目を見てのけぞった。「減塩で野菜がタップリ」と続く。永谷園の味噌汁だ。値段が高い、は常識的にはマイナスである。ネガティブであろう。その非常識とネガティブをあえてドスンと食らわしたら、たいていの人は、驚いて眼が点になる。

本当は「減塩で野菜がタップリ」だけを言いたいのだ。しかし、それでは注目を引かない。あえて「値段は高いが」を枕ことばに置いた。この不景気の真っ最中に、いい度胸である。さて売れ具合はどうなんだろう。結果を知りたい。

「Ａｌｉｂａｂａ＝阿里巴巴」
世界展開は「音」が決め手に。

「アリババ」2008年
提供：アリババ株式会社

「アリババ＝阿里巴巴」。英文では「Ａｌｉｂａｂａ」。今をときめく中国ＩＴ業界のトップ企業の社名は、そのままブランドネーミングとなり世界を駆け巡る。

世界に発信されるネーミングの基本条件は、世界中の老若男女にとって、⑴読みやすく、⑵覚えやすく、⑶口に出して呼びやすいこと。さらにその上で、⑷伝えたい意味やイメージを含むこと。Ａｌｉｂａｂａという表記を読めない人は世界でも少ないだろう。間違って発音することもほぼないはず。しかも、皆が同じイメージを心に思い浮かべるに違いない。

ネーミングの基本は「音《おん》」なのだ。物理的な「音《おと》」とは異なり、言語を構成する音を指すのが「音《おん》」だ。企業が相手にするマーケットが自国にとどまらず、地球規模となりつつある今日、ネーミングのグローバル化は必然で、音は決定的なファクターだ。

成長著しい中国ＩＴ企業を見回すと、それが明瞭明快に見えてくる。

「バイドゥ＝百度」。中国のグーグルとの異名をとる。百度が「繰り返し探し求める」というイメージをちゃんと表現している。ネットサービス大手の騰訊控股《テンセント》のチャットアプリ「ウェイシン＝微信」は「わずかな文字数の手紙」の意味といい、その音の響きも美しい。「レンレンワン＝人人網」は中国最大手のＳＮＳ。中国版フェイスブックと評される。「網」は英語でネットを意味するので「みんなのネット」といったところか。「シャオミー＝小米」は中国版アップル。“Mobile”と“Internet”の頭文字を合わせると「ＭＩ（ミー）」となり、中国語で「米」と同じ発音になる。

こうして見ると、これらのネーミングは、それぞれ独自のメッセージを発信している。文字とその音が、ローカルな国内とグローバルなマーケットを結んでいるのだ。

そういえば、インド最大の財閥、「タタ＝ＴＡＴＡ」にも同じ匂いがする。創業者の名に由来するその音は、世界中の耳目を引き付ける。

さて、振り返って日本のグローバルネーミングはどうだろう。

part.2

ネーミングが、しゃべり言葉になってきた

［お～いお茶］
ネーミングの「温暖化」時代始まる。

「お～いお茶」
1989年にネーミング変更
提供：株式会社伊藤園

スーパーやコンビニに行くと、なんだかほっとするネーミングが、出迎えてくれる。「お～いお茶」だの「ごはんですよ！」だのと呼びかけてくる。「なっちゃん」なんてのも、ほのぼのだなあ。「おっとっと」と思わず立ち止まったりして。

いつも思っているのだが、これらのネーミングは呼びづらい。口に出して呼ぶことを想像すると、ちょっとテレる。もし、コンビニやスーパーではなく、おばちゃんが店番をしていた昔よくあったようなお店だとして、買うときを想像してみてほしい。

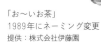

『なっちゃん』と『あ！　あれ食べよ』と『ごはんですよ！』それから、『お～いお茶』と、『おっとっと』『お父さんがんばって！』ください」。これらのあったか系のネーミングは、実は口に出して呼ばれないことを前提に生まれているのではないか。

そういえば、これらの元祖である「お父さんがんばって！」や「ごはんですよ！」はスーパーと一緒に生まれたような気がするし、「お～いお茶」はコンビニや自販機の普及と無関係ではない。コンビニと自販機、この二つが「あったか系ネーミング」の契機となったのではないか、と僕はにらんでいる。

でも、なぜ口に出して呼ぶのが照れくさいネーミングが氾濫するのか。僕は現代人の矛盾した心理が原因だと思っている。

現代人はあまり口をききたくない。黙って買い物をしたい。特に都会では（もっとも今日本中が都会化しつつあるが）隣に住んでいる人とさえ、あまり口を利きたくない。だから、スーパーが発達したし、コンビニも普及を果たしたのだろう。

しかし、口はききたくないけれど、温かく呼びかけてほしいという屈折した孤独感がある。この矛盾する心理が、ネーミングの「温暖化」を促してきたにちがいない。でなければ、おとな向けの商品にこうしたネーミングが氾濫する理由が分からないのである。

評論家風にいえば「現代都会生活者のディスコミュニケーション・マーケティングがもたらしたネーミングの温暖化」。これが、これらのネーミングに対する私的仮説である。

「野菜の時間ですよ」
パッケージが広告になってきた。

「野菜の時間ですよ」2004年
提供：不二製油株式会社

「野菜の時間ですよ」がネーミング。その上に「16種類の野菜＋発酵野菜＋大豆胚軸」とある。現代人の食生活に不足しがちな野菜の成分をそのまま濃縮した、不二製油の栄養補助商品だ。

　この種の機能食品は、ここのところ様々に出ていて、これと同様のタブレット状のものから、ジュースタイプのもの、ビスケットタイプのものまで入れると、数え切れないほどの商品が、市場をにぎわしている。

　だから、こうした栄養補助商品の一種としての「野菜の時間ですよ」に注目したわけではない。そのネーミングの言い様が、なんだか懐かしかった。ほら、桃屋の「ごはんですよ!」という古典的なレトリック。キャッチフレーズ的なネーミングであるところが、気になるところだった。

栄養補助食品ではないけれど、「こんな小麦粉ほしかった」(日本製粉)というネーミングを見たときも、同じ感慨に襲われた。ネーミングっぽくない。あくまでもキャッチフレーズ風なのである。

広告をあまりしてもらえない、あるいは全くしてもらえない商品が、いまやスーパーやコンビニ、ネットショップ、通販カタログに所狭しと並んでいる。彼らは広告してもらえないから、自身を広告メディア化しようとしているように見えるのだ。

パッケージの広告化。パッケージでしか自身をアピールする場がない。だから、その小さなスペースを目いっぱい使って、自身を広告しようとするのである。そして、そのパッケージ=広告に記されるキャッチフレーズは、ネーミングの役割を果たしていくのである。あるいは、ネーミングがキャッチフレーズに変身せざるをえないと言い換えてもいい。

この場でしか自己をアピールする場所がないからであろう。広告をしてもらえないから、キャッチフレーズが行き場を失って、パッケージに居場所を見つけた、と皮肉な言い方ができなくもない。

「人生まだまだ!! これからだ」

保険も、おしゃべりネーミングで勧誘。

アメリカンホーム・ダイレクトの
人生まだまだ!!
これからだ
満50〜80歳まで申込める保険
長期補償傷害保険

「長期補償傷害保険」2002年
※すでに販売を終了しております
提供：アメリカンホーム医療・損害保険株式会社

「わかるんデスク」という語呂合わせのネーミングを見たとき、昔どこかの役所に「すぐやる課」というのができて、話題を集めたことを思い出した。何事もなかなかやらなかった役所の窓口にそういう名前を付けることがニュースになったわけだ。

しかし「わかるんデスク」は証券会社だ。ちょっと事情が違う。今までなにもやらなかったわけではない。それどころか激しい商戦をくぐり抜けてきた。ただ厳しい規制のせいか、どちらかというと商品が各社横並びで特徴がなく、それ自体では差異化ができなかった。

しかし、ここにきて規制緩和に加えて競争環境がさらに厳しくなったから、サービス競争が激化した、ということだろう。サービスで特徴を出して戦う。そこのところをネーミングでアピールしようというわけだ。

そんなことを考えていたら、サービスだけの差異化・区別化だけではなく、ここにきて商品自体のネーミングが妙に活気を帯びてきた業界があることに気が付いた。保険業界だ。「人生まだまだ!!　これからだ」「どんとこい」（アメリカンホーム保険）、「もらえてがっちり入院保険」（アリコジャパン）、「ももくり保険」（マニュライフ生命保険）……。背景には企業の合併や統合の動きに加え、規制緩和の影響がようやく出てきて、商品自体が個性を持ち始めたことがある。

中でも高年齢層向け保険と疾病保険はみるみるうちに多様化。各社が特徴あるセールスポイントを掲げて激しい拡販戦を繰り広げ始めている。

そのセールスポイントを端的に訴える販売促進、広告に力を注ぐようになる。いっせいにインパクトのあるネーミングで勝負をかけてきた、ということではないだろうか。

ともあれ、ネーミングの変化は実に市場競争の変化を映し出す鏡といえよう。

「たいしたもんじゃありませんがベーコンをのせて焼きました。」

切なく訴える、語りかけネーミング。

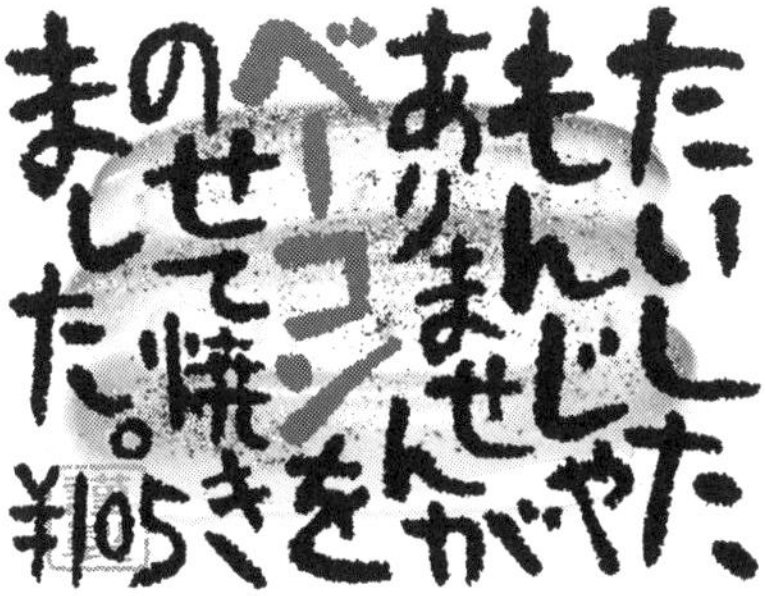
たいしたもんじゃありませんがベーコンをのせて焼きました。
¥105

「たいしたもんじゃありませんがベーコンをのせて焼きました。」
2006年
※すでに販売を終了しております
提供：第一屋製パン株式会社

さて、これはキャッチフレーズ？　じゃあ、ネーミングは……と探して気付いた。

この長いキャッチフレーズ、れっきとしたネーミングなんです。間違いない。なにせ他に文言はない。パッケージ上で一番活躍するのが商品名、という常道から見れば、この冗舌な惹句《じゃっく》がこのパンのネーミングと言わざるをえないのです。

いやあ、がんばってるなあ。お店の棚の上で、一生懸命話しかけているんだ。「私を買って」と切なく訴える。そんな風情のネーミングです。その文体自体が温かい体温を持っているから、思わず手が出るのである。

「ネーミングは語りかけである」ということに、あらためてつくづく思いを至らせるのであった。

ネーミングは単なる目印ではない。目印だけではもはや売れない。パッケージはいまや広告の一部だし、ネーミングはそこに記されるキャッチフレーズに他ならない。商品にとって本来、店頭が最先端メディアなのである。

そんなことを思いながらコンビニエンスストアの棚を見ていたら、

「いそがしや　ああいそがしや　感謝感謝　お疲れに　黒砂糖まんじゅういかが」

竹の皮に包んだ饅頭である。キャッチフレーズといおうかご挨拶文といおうか。パッケージに墨痕鮮やかに。その素人っぽい素朴な筆文字が、なんともほのぼのと美味そうなのです。俳句の会の景品としてもらった。じっさい、美味かった。

日本人らしい、謙遜《けんそん》の美学で売ろうという、これも涙ぐましいキャッチフレーズ兼ネーミングである。思わず買ってしまった。

［ぽっぽ茶］ショウガの効用、温かいネーミングで。

「キリン からだ想い茶 ぽっぽ茶」2011年
※すでに販売を終了しております
提供：キリン株式会社

ほっぺを赤くした女の子が、頭の上（の中づり広告）からにっこり語りかけてきた。その赤いほっぺの上に「ぽっ」の文字が二つ。あったかそう。元気そう。幸せそう。キリンビバレッジの「ぽっぽ茶」の広告は、ネーミングとロゴをそのままキャッチコピーにして、冬の到来に向けて登場した。

近年はショウガがブームである。というより、ブームにしようと各社がいっせいに立ち上がった。サントリー食品インターナショナルの「あったかい生姜のはちみつレモン」、カルピスの「しょうが湯はちみつ仕立て」など相次いでショウガ飲料が登場。お酒では『冷え知らず』さんの生姜ゆず酒」をサントリー酒類が永谷園と共同開発して出せば、「ラ・ジンジャー」とおしゃれな名前で売り出したのは合同酒精だ。このネーミングを見てジンジャーってショウガのことだったんだ、とあらためて気付いたのは僕だけではあるまい。そういえば、子供の頃風邪を引くとショウガ湯を飲まされたなあ、とショウガの効用も思い起こさせる。

こうしたショウガ系飲料たちの中で、自社の製品をどうアピールするか。その苦心がネーミングに表れる。ひたすらショウガ入りだけを訴求する。あるいはショウガのさわやかな味を訴える。といった姿勢を、各社、それぞれにネーミングで表している。

そんななかで、ショウガの効用をずばり訴えたのが「ぽっぽ茶」だ。ショウガはからだを温める。その効能訴求に絞ったネーミングが、季節の変わり目、冬到来に身構える人々に強く訴えた。

「ぽっぽ茶」は「からだ想い茶」シリーズの一環として生まれている。健康志向の冬の目玉はショウガというわけだ。そのコンセプトからぶれないネーミングを設定している。からだが温まる、ということを体感語で表現したネーミングが、人の心に、いや、人のからだに直接訴えかける。頭一つ抜けて目立つ、オノマトペ（擬態語）・ネーミングである。

「つかってみんしゃいよか石けん」

方言で全国デビューの地産商品。

「然 —しかり— よかせっけん」
2014年にリニューアル
提供：株式会社長寿乃里

「つかってみんしゃいよか石けん」。誰がどう見ても、九州の商品である。分かりやすい九州弁のネーミングが、堂々と九州産であることを宣言しているわけだ。けっこう長い名前だし覚えやすいとはいえないけれど、九州産のせっけんであることはしっかりと頭に入った。今では「然—しかり—よかせっけん」と短くして九州弁だけを残している。

販売するのは福岡市に事業所を置く長寿乃里（横浜市）。同社が扱う「長寿の里」というブランドの他の商品も九州弁を多く使っていた。「よかくちびるくりーむ椿みつ」（リップクリーム）、「もっちりよかもちくりーむちゅーぶ」（ハンドクリーム）という具合にどんどんエスカレートする。インターネットのサイトを開くと、なるほどネット通販の普及によって地方の製品が全国区になる事例がこれなんだ、と納得した。

九州で売るのが目的ではないのだ。狙うは全国。中でも東京や大阪などで売れているのはネット市場の威力である。九州出身の人が主に買っているわけではなく、大都市に暮らす人の郷愁といったところが広く購買の動機になっているらしい。

地産地消と叫ばれて久しいが、地方の製品はその地方で売るだけでは意味がない。むしろ全国区で売れて初めて地産パワーが育つのである。それを可能にしたのはネットなんだなあ、と通販サイトに並ぶ製品のネーミングを眺めながら納得した。

ネットはマーケットを変え、商品を変え、ネーミングも変える。今までお土産程度の地産商品だったものを、方言という衣をわざと着せて、全国に発信し始めたのである。地産地消ではなく地産全消とでもいえばいいのだろうか。方言ネーミングを武器にしつつネットで全国に売り込む。地産の逆襲といっていいかもしれない。

「その日から」
セールスポイントを、ズバッと訴求した。

かんぽ生命 入院特約
その日から

「無配当傷害入院特約」「無配当疾病傷害入院特約」2008年
提供：株式会社かんぽ生命保険

「はじめました。一日目からの入院保障。」
というキャッチフレーズで登場したのが、「かんぽ生命保険」の入院特約の、新商品である。

そんなキャッチフレーズ、必要ない。そんなのカンケイない！ こう言いたくなるほどまでに、この商品は分かりやすいネーミングなのです。なんせ、その名も「その日から」ですもの。

さすが、郵政民営化で生まれた「かんぽ生命」。やるもんだなあ、と商品内容だけでなく、そのネーミングにも感心した。

なにしろ「その日から」の一言で商品の特

徴を言い尽くし、しかも誰でも覚えやすい。検索サイトの「ヤフー！」に打ち込むと、そのウェブサイトがパッと出てくる。そういう、到着しやすい工夫が一目で分かるネーミングなのだ。

ところで余談だが、「かんぽ生命」の「かんぽ」は、なんでひらがななの？　いちいちカッコで括らないと読みづらくってたまらない。こっちのネーミングは表記が気に入らないです。文章の中に書き込むとき、平仮名が重なってしまうんだ。例えば、「はじめましたかんぽ保険」といった具合にね。「モー娘。だ。」のときに困ったのと、似たような愚痴です。

本題に戻します。保険のネーミングで、商品の特性をズバッと訴求しつつ、しゃべり言葉で率直に訴えたネーミングといえば、「これからだ」という、こちらは生命保険だけれど、大先輩がいた。

あれはたしか、「人生まだまだ!!」という枕ことばが振ってあった。アメリカンホーム保険の高齢者向け保険。あのネーミングも名作だなあ。

保険商品には、ときどき目を見張るネーミングが登場する。似たような機能を競う商品だけに、ネーミングが情報伝達の決め手になるのだろう。

「天まで届け！　マスカラ」
ここまでオーバーなら、笑って納得。

「ヒロインメイク　ロング&カールマスカラ　スーパーWP」
2005年からシリーズ発売
提供：株式会社伊勢半

電車の中で堂々と化粧を直している女子に、びっくりして目を丸くしているのは年をとったオジサンやオバサンだけなのだろうか。そう思いながらも、マスカラを塗っている姿を目にしたときには目が点になってしまった。いや、その行為に驚いただけでなく、伸びゆくまつげの長さに仰天してしまった。

という記憶をありありと思い出させてくれたのが、テレビCMで見た化粧品メーカー、伊勢半（東京・千代田）の「天まで届け！マスカラ」というネーミングだった。「あ、これだ」と膝を打った。これを、電車の中で塗っていたのだ、とオジサンは気が付いた。そしてそのネーミングにまた、感心してしまった。感動した。このネーミングを見たとき、耳の奥で遠い日に口ずさんだ童謡が浮かんできたのだ。

♪たこたこあがれ～天まであがれ～

あのお正月のたこのうたである。「天まで届け！　マスカラ」は、この歌の地口、シャレにちがいないと勝手に解釈して、感動したのだった。このネーミングを使った商品シリーズの一つ、「ヒロインメイクボリューム&カールマスカラS」のパッケージには次のような文言が書かれている。

「掟《おきて》『羽ばたける程の、濃密まつ毛でなくては。』」

そして「天まで届け！　マスカラ」と集約、結論している。この1行のネーミングに、訴えたいことのすべてを凝縮しているのだ。電車の中のあの女子は、たこ揚げを連想しながらマスカラを塗っていたのだろうか。そんなわけはないだろうけれど、「天まで」という願いに、まさかのジョークを楽しく受け取っているにちがいない。

「もてますカラ」とか「メンズモテローション」とか、化粧品の世界には、この手のネーミングがけっこう氾濫しているけれど、この「天まで届け！　マスカラ」がやはり、堂々と無邪気なユーモアでいいなあと思うのである。

「ヒ〜ハー!!」
辛さのうれしい悲鳴、オノマトペで表現。

「うま辛ポテト ヒ〜ハー!!」2010年
※すでに販売を終了しております
提供：カルビー株式会社

カルビーのスナック菓子「うま辛ポテト ヒ〜ハー!!」。「名は体を表す」ということわざがあるが、まさに身体が発した音。体感ネーミングだ。空気の入り口であり、出口である口。その口の中で粘膜と空気が摩擦し、音となって口から出てくる。それを文字にすると、「ヒ〜ハー」となる。

試しに、舌の上の辛さに思わず息を吸いながら声をあげてごらんなさい。吸いながら（ここが大事なところだ）ヒー。そして吐きながらハー。悲鳴をあげるときと同じである。ヒ――ッ！　そういえば、タレントの明石家さんまさんが笑うときもそうですね。息を吸いながら、「ヒーッ」と笑う。「ヒ～ハー!!」の場合は笑っているわけではなく、やはり悲鳴に近いのです。

こういう声を音声学ではなんと呼ぶのでしょう。「吸引語」とでも名付けてみようか。究極の擬声・擬態語、オノマトペの極致です。それをネーミングにした。カルビーはそこがすごい。

そういえば、「シー・ハー・ハー」と呼ぶキャンディがあったような気がする。「グーグル」で調べてみると、「SHE・HER・HER」という英字のロゴが出てきた！　さわやかな味の小粒キャンデーで、カンロが売っていた製品らしい。これも「SHE」は息を吸いながら発音するとリアルだ。しかも「女性向きですよ」と主張している。なかなかひねったネーミングです。

言葉は擬声や擬態から生まれたのだそうだ。うがった見方をすれば、これらスナック菓子やキャンディの名前は、最も原始的なネーミングともいえる。吸う息が上顎をふるわせて鳴らす音。吐く息が喉を振動させて発する音。まさに肉体が振動して発する音――。

こうした言葉の原風景が、ネーミングの世界に出現してくると、体感としての味覚がおそろしいほどリアルに伝わってくる。ここ数年の激辛ブームの頂点として、体感的ネーミングが出現した意味は深い。激辛は、最も体感的な味覚である。

「人生よろこんで」
保険だって、キャッチーな言葉で訴える。

「長期補償傷害保険」2008年
※すでに販売を終了しております
提供：アメリカンホーム医療・損害保険株式会社

ちょっと不思議な日本語だけど、それがかえって目に留まる。「人生よろこんで」。アメリカンホーム保険の保険だ。人生、と語りかけられては、高齢者はつい考えさせられてしまう。人生という言葉は終焉《しゅうえん》と同義なのだ。だから「人生よろこんで」は「よろこんで消えていける」とも聞こえる。そう慰められるのです。

この保険のセールスポイントの一つは、お葬式の費用を補償することだ。なるほど。シニア世代の「もしも」にしっかりお応えする保険、と銘打っている。

50歳から80歳の高齢者をターゲットにした保険のネーミングとしては、見事にキャッチーなしつらえといえるだろう。

高齢者向け保険での、この種のネーミングとしては、同社が2002年に発売した「これからだ」が思い出される。先駆であろう。

アメリカンファミリー生命保険（アフラック）の「ちゃんと応える医療保険」というのもある。入院だけでなく通院も補償する、というのが特徴。従来の保険の補償の穴を埋めたことで「ちゃんと」応える。

ネーミングがこのようにキャッチーに様変わりしてきたのは、高齢者向けの保険だけではない。

アクサ生命保険の「大切な人」のターゲットは、むしろ働き盛りの人たち。ケガや病気で働けなくなったときに補償する。あなたは家族にとって大切な人だから、万一のときの収入減をカバーするという。保険の補償の隙間を埋めた商品企画が、新しいセールスポイントとなった。

と、まあいろいろなネーミングがあるが、「保険の内容の差がどうもよく分からない」という人のためには「保険見直し本舗」というサービスもある。ニーズに合った保険を組み合わせてコンサルティング提案する保険代理店の新しい形だ。「本舗」と名付けるとは。いまや、保険業界は、キャッチーネーミング全盛である。

「山口さんちのごめんなさいカレー」
ネット販売をにらんで「地産全消」へ。

最初は「**山口さんちのごめんなさいカレー**」だった。47都道府県の県庁所在地と同じ名字ランキングで、「山口」が1位とされたのを捉え、2012年に発売された。山口県美祢市の食品メーカー、楽喜のカレーだ。

このネーミングは「山口県発ですよ」という発信だ。ご丁寧にパッケージには「山口さんだけでごめんなさい。限定発売」と書き添えてある。もちろん、すべてギャグです。続いて発売されたのが「山口さんちの林くんだけが食べられるハヤシ」だ。この長ったらしい商品名に添えたコピーが、また長い。

「僕んちに林慎一くんがやってきた。林くんは高校に入るために山口家に住むことになったんだよ。林くんは辛いものが苦手なので、カレーが食べれないんだ。だから母さんが特別に林くんのためだけに、ハヤシを作っているんだ。林くんは〝おいしい〟と言っておかわりしてたよ。僕は食べたらダメなんだって!!」

「山口さんちのごめんなさいカレー」
2012年
提供：株式会社楽喜

ハヤシライスの登場を、山口さん同様に林さんという名前にもじった上、ショートショートのようなドラマを添えてパッケージに仕立てた。

どちらも、ターゲットを絞ったと見せかけつつ、全国発信している。明らかにネットマーケットを想定しているのだ。いまや地方発の商品は、ネットを使って全国へ飛び出す。だからこそ逆に、商品のネーミングには、その地方のアイデンティティーが必要となる。地方であること自体が商品価値だからだ。

「地産地消」という地域産業振興を目的としたはずの商品が、ネットの波に乗り、「地消」を超え、「全消」へ向かって進撃している。そして、地方発であることを何らかの形でネーミングに反映させている。

ちょっとネットショップをのぞいてみると、「おつけもんとカレーどす。」「ももたん」「北緯43度」「４００１０」なんていうネーミングが並んでいる。どれもすぐ出身地が分かるでしょ？「４００１０」が分からない？「しまんとう」と読みます。何かというと、かりんとうです。

［スマホdeチェキ］

スマホ向け新需要「チェキ」復活す。

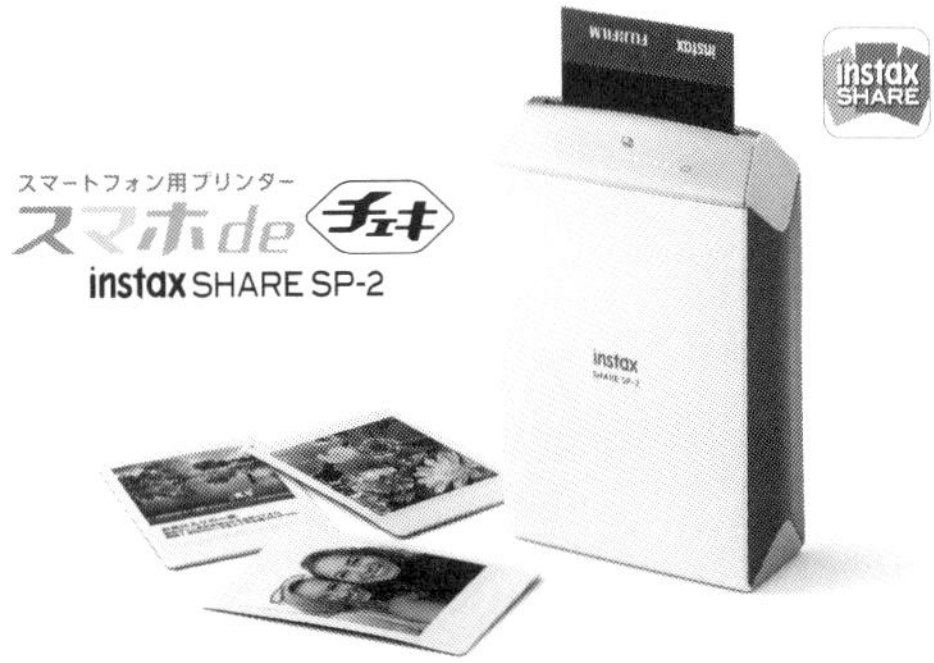

「スマホdeチェキ」2016年
提供：富士フイルム株式会社

撮ったその場で写真を楽しめる富士フイルムのインスタントカメラ「チェキ」。そのネーミング自体は新しいものではない。でもあえて取り上げたのは、そのネーミングがマーケティング的にニュースだからだ。スマートフォン向けプリンター「スマホdeチェキ」に発展して、よみがえったからだ。

チェキとは"Check it"のネーティブ発音の表記だそうだ。ほら、DJやロック歌手が「チェケット」とか言うでしょう。「チェックイット」と日本語風に発音するのではなく。ほとんど「チェケ」と聞こえる。若者にとって何ともカッコイイその音を、そのままネーミングにした。「覚えてね」「記憶しておいて」というほどの意味だろうか。当てはまるうまい日本語がない。

カメラといえばデジタルカメラのことを指す時代になり、インスタントカメラはいったん姿が見えなくなった。けれどその後、写真を撮る主役がすっかり携帯電話に代わった。撮影チャンスがものすごく増えた。そうなると、撮ってその場で見るだけとなる。「撮りためるけれど二度と見ない」ということに釈然としない気持ちが湧いてきて、「やっぱりプリントで見たい」「それもすぐ見られたら楽しい」――そんな気持ちの巻き返しが起こった。それに応えて伸びてきたのがチェキだった。

撮ってすぐにプリントが出てくるから、仲間とワイワイ盛り上がる。10代の少女たちからチェキ人気に火がついた。そのブームと並行してスマホの爆発的な普及が進む。すると今度は、「スマホで撮った写真がその場でプリントできたら」とさらなる欲が出る。それに応えたのが「スマホｄｅチェキ」。スマホからＷｉ－Ｆｉで画像を飛ばしてプリントする、いわば「ケータイプリンター」だ。

というわけで、「チェキ」というネーミングは今よみがえって「ネーミングＮＯＷ」となった次第です。

「ソトイコ！」しゃべり言葉で子供を誘う。

『ソトイコ!』(2016年夏号) 2015年創刊
提供：株式会社学研イノベーション

「外で遊びなさい」と、親に叱られた。天気がいいのに家の中でうだうだしていると、必ずそう言われた。「子供は風の子でしょ！」と追い打ち。天気がいいのに家の中で遊んでいると、母親の叱責が響いた。家で遊んでいいのは、雨の日だけだった。

　昔の家には「外」があったからだ。野っぱらがあったし小川や林があったから「外で遊びなさい」と親は大声で子に命じられた。が、今は「外」がない。子供が遊べる「外」がない。様々に危険な「外」があるばかりだ。『ソトイコ！』は、そんな今の子供たちを、ふたたび「外」へ行こうと誘う雑誌の名前だ。死にかけていた「外で遊びなさい」という理念を、ずばり表紙にうたった。子供にそう言いたくても言えない親に向って提言した。「外で遊ぶ方法はありますよ」と。

「外に行こう」という誘い言葉を子供言葉に縮めて「ソトイコ!」。音《おん》がいい。わずか4音に0「お」の音が三つ。はじける明るさが、親と子供の心に届く。心に刺さる。

2015年冬に季刊誌として創刊、学研の教育コンセプトが生んだプロジェクト誌だ。環境変化への警鐘ともいえるプロジェクトが、あちこちに顕在していることに気が付いた。例えば、似た名前の雑誌『ソトコト』は早くからアウトドアライフをリードしてきた。こちらは、生活全体のアウトライフ化というべきか。いわゆるロハスライフをコンセプトに置いて、スローライフやスローフードなどのブームも作りつつ、「ロハス」という時代のキーワードを人口に膾炙《かいしゃ》してきた。いわば『ソトイコ!』の先輩格として、広くアウトライフをリードしてきている。

「モリウミアス」というプロジェクトもある。コンセプトは『ソトイコ!』『ソトコト』に近い。具体的な空間を復元して新しい生活提案をしている。東日本大震災の復興の一環として廃校になった校舎を活用しながらの活動は、意義が深い。

ネーミングが、こうして時代と環境をリードしているのである。

［マジゲー］

ネット系は検索誘導で勝負する。

「大召喚!!マジゲート」広告　2012年
提供：株式会社gloops

ギョッと驚いた。という書き方は古くさいけれど、この中づり広告は、衝撃的だった。どこが衝撃的だったか。コピーがない、ということがである。

この広告にある言葉といえば「マジゲー検索」という二つの単語だけ。いわゆるコピーというものが一切合切消えている。

広告にコピーが少なくなった。なくなった。キャッチフレーズが衰退した。いや、キャッチフレーズさえ消えてきた。広告文としてはネーミングだけが残ってがんばっている。と、近年の広告を眺めて感慨にふけってきたが、ここに至って、びっくり仰天した次第だ。

近頃の広告は文字情報を極力少なくし、「詳しくは→検索」とするものが増えた。まるで広告はネットへの誘導媒体のようになってきた。詳しい情報はネットにゆだねる。広告はネット情報の告知媒体になりつつあるかのようだ。

そして、その告知先がネーミングなのだ。「マジゲー」が、それである。ここでは「マジゲー」という情報以外何もない。この広告を見た人はスマホにマジゲーと打ち込んで、なるほどすごいゲームだと、確認する。スマホを持っていない人は家に帰ってパソコンで「ググる」。

さて、そうした行動を促すには、検索語はできるだけ覚えやすくなければならない。短くなければならない。ネット系のネーミングがその傾向で氾濫しているのは、さすがだ。短絡ネーミングの、いわば本丸なのである。

似たネーミングにDeNAの交流サイト「モバゲー」。当然だ。「マジゲー」はモバゲーで配信されているゲーム名「大召喚!!マジゲート」の略であった。「モバオク」は携帯電話向け競売サイト。「キタコレ!」はイベント情報サイト。「ガルマガ」は携帯メールマガジン……という具合。「→検索」の徹底はこの業種の真骨頂だ。その頂点が、この「マジゲー」なのである。

［えんきん］
ネーミングとアイコンのゆかいな一致。

「えんきん」
2015年にリニューアル
提供：株式会社ファンケル

ユーチューブで類人猿のボノボを見た。毛づくろいをしている映像です。どこかで見たシーンだなと思った。京都大学霊長類研究所がボノボを観察研究したら、どうやら彼らの老眼の進行が人間と同じだった、と伝える映像だった。たしかに老猿は腕を伸ばして毛づくろいしていた。

そうだ、思い出した。似たアクションをCMで見た気がした。初老と中年の男が二人、腕を伸ばしたり縮めたりしながら、

「もしかして、これですか」

「これだよ」

「きてるね」

という「えんきん」のCMだった。初老役が村田雄浩さん、中年が松尾諭さん。この「えんきん」は手元のピント調整力をサポートするサプリだ。猿では毛づくろいする腕の長さが老眼の証だったが、ここでは腕の伸縮で分からせている。アクションが老眼のアイコンになっている。つまり「えんきん」というネーミングの視覚的な表現になっているんですね。

ネーミングが言葉印だとすれば、このアクションはまさに目印だ。互いが補完しあって、商品の機能特性を相乗的に強く伝えている。ネーミングとヴィジュアル表現の見事な合体といっていい。

こうした目の老化問題とその対策もまた、高齢化社会が生むニーズであろう。「えんきん」はそこのところに焦点を当てた商品企画でしょう。そしてその機能効能を親近感のある言葉とアイコンで発信したところが、高齢者にはありがたい。

ところで、近頃我ら高齢者は「えんきん」の他に「えんらん」とか「きんろう」とか言います。「えんらん」は遠視と乱視の複合症状、「きんろう」は近視との合体状態。なんだか「淫乱」や「勤労」みたいに聞こえて自虐的にうれしい。

例の類人猿ボノボの研究によれば、人の老眼は読書やパソコンなどの目の酷使で進む文明病の部分があると今まで考えられていたのだが、猿の老眼の進み具合も変わらないらしい。つまり、ヒトの老眼は特別だと自惚《うぬぼ》れてはいかん、ということになるらしいです。

part.3

ネーミングが、和語に戻ってきた

「akasaka Sacas」
街のネーミングは、和語の進化。

「赤坂サカス」2008年

東京は、新しい高層ビル街の誕生続きである。ちょっと古いところでは六本木ヒルズ、そのそばに生まれた東京ミッドタウン。表参道ヒルズ……。

まあ、ネーミングとしてはなんの変哲もなく予定調和的な名前で登場してきた。「汐留シオサイト」あたりで、おや、新鮮なネーミングだなあと思った記憶があるが、「汐《しお》」という日本語と「SITE」という英語の合体が、強い印象を作っていたからだろう。「潮騒」の音も感じさせて、海の記憶に触れさせる。なかなかなテクニックの命名だった。

そんな流れの中で、赤坂の元TBS跡地に生まれた新しいビル街の名称が、なんと「赤坂サカス」。

その意は「赤坂咲かす」でしょう。言葉遊びのように、語呂がいい。早口言葉みたいですね。英字表記では、

「akasaka Sacas」

ちょっと分析的に見てみると、「Sacas」が前から読んでも後ろから読んでも同じ英字回文になっている。それだけでなく、頭の「aka」を引くと「sakaSacas」と一字違いの回文。おもしろいですね。放送局関連の施設だから、こうした言葉遊びのネーミングを冠したのだろうか。

それにしても、ビルやビル街のネーミングも、こんな風に和語が主役となってきた。有楽町のビル「ITOCiA」は、「愛《いと》しい」からの造語だったし、日本橋の「COREDO」はCORE（核）×江戸。「江戸」からの工夫だった。

そして今度の「赤坂サカス」も、和語から。

街やビルの名も、いまや和語のカタカナ表記と英字表記がトレンドである。

「DAKARA」日本語を英字で表記、なぜ？

「サントリー　ライフパートナー　DAKARA」2000年発売
提供：サントリー食品インターナショナル株式会社

最近、妙にネーミングの文体、というのだろうか、文字表現が気になってしようがなくなった。

ネーミングは、大ざっぱに分けて、(1)カタカナ、(2)平仮名、(3)英字、(4)漢字、の四つの表記がある。例えば、飲み物を例にとれば、(1)「メグミルク」、(2)「ごはんですよ!」、(3)「BOSS」、(4)「爽健美茶」といったものがあるし、雑誌のネーミングを例にとれば、(1)『サライ』、(2)『るるぶ』、(3)『VERY』、(4)『女性自身』……といった具合である。もちろん、それらの混合体（「お～いお茶」「カテキン緑茶」「日経ＭＪ」、などなど）もあるから、表記スタイルは実はけっこう複雑なのだが、まあ一応、この四つがネーミングの文体の基本と考えてよかろう。こんなに多様なネーミング表記が通用している国は、世界に例がないでしょう。

さて、この基本の四つなのだが、よく観察してみると、それぞれがまた複雑な工夫をしていることが分かる。

例えば「ＴＥ・Ａ・ＴＥ」は⑶英字表記、のカテゴリーに入るのだけれど、その音は和語である。つまり「手当て」を英字表記したものだ。元来、しばしば外国語を翻訳したくないとき、ネーミングをカタカナで表記してきた。「コカ・コーラ」しかり。「デルモンテ」しかり。「マイクロソフト」しかり。

ところが、「ＴＥ・Ａ・ＴＥ」は逆である。日本語を英字（ローマ字）に置き換えている。日本人に向かって、わざわざ、である。おもしろいなあ、と思って観察すると、近年この形態のネーミングが、実に多い。「ｄａｓ」は「出す」だし、「ＤＡＫＡＲＡ」は「だから」だし、「ＴＡＤＡＳ」は「正す、質す」だろう。「ＭＯＵＧＡ」は毛芽《もうが》の英字表記だという。「ｄａｓ」「ＴＡＤＡＳ」あたり、一見外国語ではないかと錯覚させるのは、「す」の表記をＳＵとせず子音のＳのみにしているからだろう。なるほど、この手口は要するに外国語っぽく見せたいんだ！　と気が付いた次第であった。

「suisai」最先端のおしゃれを、日本語ネーミングで。

「スイサイ　ビューティクリア　パウダーウォッシュ」
2005年
提供：株式会社カネボウ化粧品

日本語のネーミングが、やけに多い。21世紀に入ってからである。日本なのだから当然といえば当然なのだけれど、堂々の日本語ではなく、ちょっと斜に構えてローマ字表記のネーミング。どうも気になってしょうがない。

NTTドコモの「Yubi－Wa」。どうして「－」が入っているのかは分からないけれど、まあ、読みやすくしてあるんでしょう。とにかく、指の輪、指輪です。「指先が、語り出す。指一本で話せる未来のケータイ、試作品できました」と広告ではコピーが続く。「まだまだ小さくするんだ」とドコモの福本雅朗博士は、雑誌『BRUTUS』で語っていた。つまり、最先端のイノベーション技術だったんですね。

ひと昔前までは、こんな最先端商品のネーミングは、たいてい英語でした。ラテン語だったり、それらの造語だったりした。ソニーの液晶テレビ「QUALIA」なんか典型的ですね。最先端は横文字、が定番だった。

そういえば、おしゃれの最先端、化粧品のマーケットでもこの傾向が目につく。かつては横文字ネーミングの代表選手ぞろいで、ここはどこの国？　ほんとに日本？　と揶揄されるほどの英語やフランス語ネーミングが氾濫していたこの業界も、いまや最先端は日本語です。ただし、ローマ字表記ですけれど。

「HADA・KA」は、裸。「suisai」は、水彩です。「TSUBAKI」は、椿。「ICHIKAMI」は、一髪。「SUQQU」というのもあった。こちらは、すっくと立つ、の「すっく」でしょう。

どうも最先端とローマ字表記の日本語の組み合わせが続く。大きな流れのようだ。

「Ｋｒａｃｉｅ」
スローガンのような企業ネーミング。

たいせつなこと。
Kracie

「クラシエホールディングス株式会社」
2007年に社名変更
提供：クラシエホールディングス株式会社

ネーミングとは、一般的には商品名のことをいう。商品の概念は広いから、情報や施設の名前も、ネーミングと呼ばれるようになった。

最近では、市や町の名前まで「ネーミング募集」などという言われ方をする。会社の社名も「新会社ネーミング」などという呼ばれ方で、ネーミングの範疇に入れてしまうことが多い。

しかし、本来はネームと呼ぶべきなのだ。そもそも「名付ける」という動詞の「ｎａｍｅ」に「ｉｎｇ」を付けて、「命名すること」という形で輸入された言葉だ。だから欧米では商品名のことを「ｎａｍｉｎｇ」とは呼ばない。ネーミングという言葉は、あくまで和製英語である。ネーミングに関わる者として、この言葉に接すると、いつも恥ずかしい思いを抱く。

なにも英語を使わず、日本語のままにしておけばよかったのだ。「商品名」「社名」という立派な呼び方がもともとあったのを、なにゆえネーミングなどとカタカナ英語にしたのだろうか。しかも、誤訳の形で。

そんなことをいろいろ考えていたところに、「Ｋｒａｃｉｅ」という社名が登場した。カネボウ・トリニティ・ホールディングスグループが社名を変更するのだ。まさに新社名。新会社ネーミングである。

商品のネーミングが、キャッチフレーズ化してきたということは、本書の中でも再三書いたことだが、ついに会社ネーミングも、キャッチフレーズ化してきた。

いや、企業の理念を標榜《ひょうぼう》するのはスローガンだから、社名のスローガン化、といっていいかもしれない。

ＫａｎｅｂｏからＫｒａｃｉｅへ。「特別な日の幸せではなく、毎日の中にある幸せを大切にする。（中略）もっとあなたの暮らしの中へ、私たちの精神をとどけるために。」と広告コピーが続く。

Ｋａｎｅｂｏの新社名「Ｋｒａｃｉｅ」は、「暮らしへ」というスローガンの社名化なのである。

「Hikarie」
文化村から光の谷へ。

Shibuya
Hikarie

「渋谷ヒカリエ」2012年
提供：渋谷ヒカリエ

２０１１年頃のことだ。山手線のガードをくぐって渋谷の街を抜けると、広場に面した巨大な複合ビルの工事現場に出る。見上げると、まだ覆いのかぶさっているビルのガラス面に、文字が見えた。そのビルの名前である。「Ｈｉｋａｒｉｅ」と見える。12年春に商業施設やオフィスが入る「渋谷ヒカリエ」として開業するのに向けて工事中の現場に掲げたネーミングだった。一種の宣言のように受け取れた。

渋谷は文字通り谷だ。その谷を文化の村にする、という理念のもとに１９８９年に東急グループが「Ｂｕｎｋａｍｕｒａ」と銘打った施設を誕生させた。谷の西端である。そして今、谷を包み込むようにして東の端にシンボリックな施設を作る。そのネーミングが「Ｈｉｋａｒｉｅ」だ。

なるほど、東端に生まれるから「光へ」か。そういえばその文字を見た瞬間、僕は「Ｈｉｇａｓｈｉｅ（東へ）」と読み誤りそうになった。

ともあれ、渋谷の再開発を引っ張ってきた東京急行電鉄は、「文化の村」から始まったカルチャーの谷を、「新しい朝の光」すなわち「未来」へ向かって広げる――というストーリーを、「Ｂｕｎｋａｍｕｒａ」→「Ｈｉｋａｒｉｅ」という理念的ネーミングの継承で語ったといえよう。

近年、こうした想いや理念を標榜するネーミングを施設や企業に冠させることが、奇異でなくなってきた。

有楽町の商業ビル「有楽町イトシア」や、あのカネボウから改名した「クラシエ」なども、すっかり定着した。「いとしい場所」や「暮らしへ」。ひと昔前には考えられなかったネーミングだった。まるで意志や想いを表出しているようなキャッチフレーズだ。

そうしたネーミングの先駆けが「Ｂｕｎｋａｍｕｒａ」だったのではないだろうか。そしてその系譜が「Ｈｉｋａｒｉｅ」といえそうな気がする。

「ＫＩＴＴＥ」英字で「切手」発信する。

「KITTE（キッテ）」2013年

「ＫＩＴＴＥ」のロゴを最初に見たとき、おやっ、ドイツ語かオランダ語かしらん、と思った。新装となったＪＲ東京駅のお隣に誕生した新ビル商業施設。その東京駅がオランダのアムステルダム駅に似たデザインだということと、どこかつながった誤解かもしれない。

すぐに気付いた。「切手」です、これは。なるほど、旧東京中央郵便局ビルを再開発した「ＪＰタワー」の低層部の呼称だから、郵便のシンボル「切手」を名称にしたわけですね。ＪＰタワーの方は日本郵政（Ｊａｐａｎ Ｐｏｓｔ）の頭文字をそのままビル名にした地味なしつらえだが、こっちはなんともチャーミングで、キャッチーなネーミングを付けたものだ。

声に出して読んでみると気が付きます。「KITTE」は「切手」と聞こえると同時に「来て！」とも聞こえる。呼びかける。しかも、英字ロゴのイメージを裏切って和語。実は、近年の商業施設のネーミング傾向である日本語、というところに注目したい。この近辺にある「有楽町イトシア」や渋谷の「渋谷ヒカリエ」、東京スカイツリー下層の「東京ソラマチ」などと同じ系譜。いまや和語がネーミングの主流となってきた。

これはひとえに商業施設たちが、親近感をキーにしたブランディングを強く意識してきたからにちがいない。単にイージーに地名や企業名を冠させるのではなく、その施設のマーケティングコンセプトやメッセージをネーミング化する。それも、最も身近な日常語、日本語で。アグレッシブなアピール姿勢の表出といっていい。

話は飛ぶが、地方都市がインパクトのあるキャッチコピーを付けていること。例えば最近、岡山市が「桃太郎市」と名乗るキャンペーンを始めたり、かつて香川県が「うどん県」と銘打ったりしたこと。あのブランディング姿勢と「KITTE」は、一脈通じていると思いませんか。

「MIRAI」未来がクルマになった。

「MIRAI」2014年
提供：トヨタ自動車株式会社

海外で通用する日本語は、今や数えきれないくらいある。「ＳＵＳＨＩ」とか「ＴＥＮＰＵＲＡ」とか「ＳＵＫＩＹＡＫＩ」とか「ＨＯＮＤＡ」とか。ＨＯＮＤＡはクルマのブランドの実績に負うところ大である。

車といえば今後、たちまち地球規模で広まる日本語は「ＭＩＲＡＩ」だろう。トヨタ自動車が発売した燃料電池車（ＦＣＶ）。固唾を呑んで待っていたこのクルマに、満を持して冠したブランドネーミングだった。

今さら説明は不用だろうが、ＦＣＶは排ガスを一切出さない。水素と酸素を反応させて取り出した電気で走るため、走行時に出すのは水だけという究極のエコカーだ。ハイブリッド車（ＨＶ）がようやく当たり前となった時代に、「これからはこれでしょ！」と登場するＦＣＶ。そのネーミングが「ＭＩＲＡＩ」なのだ。

振り返ってみると、今までの国産車のネーミングのほとんどが英語や英語っぽい造語だ。なかにはラテン系の言葉もあったり、何語とも分からない造語があったりする。その方が格好いい先進感があって、グローバルな市場に進出するにも伝わりやすいと考えられてきたからだろう。かつてクルマのネーミングは英文字の記号にすぎなかった。そのクルマのコンセプトを表現するというよりも、英文字で「カッコよさ」を目指してきた。

その典型例がトヨタの「ＰＲＩＵＳ」だ。１９９７年の発売当時、世界初のＨＶでエコな車だったのに、その特質も理念もネーミングに表出しなかった。それらはコピーでフォローし続けてきた。当時の広告を見ると「21世紀に間にあいました。」というキャッチフレーズで心意気を宣言していた。ちなみにＣＭに登場しているのは89年に亡くなった手塚治虫さんと、鉄腕アトムをはじめとするキャラクターたちだ。ネーミングの抽象性を広告で補った登場だった。

その同じトヨタが、今回は「未来」という日本語をネーミングに据えた。この車の本質と意味をネーミングで宣言した。国産車のネーミング史上、画期的な「日本語ネーミング」なのである。

「MAJI」
共に育った若者言葉で、呼びかける。

「MAJI」2006年
提供：株式会社AOKI

「マジ？」「マジきれい」「マジ好き」「マジやばい」「マジむかつく」……。10代の会話で最も頻発されるスラング、と思っているうち、その子たちが大人になってきた。

　今その子たちは上司に向かって「マジっすか、課長」と平然と言う。「マジ」も子供たちと一緒に成長したのである。

　いうまでもなく「マジ」のもともとの語源は「真面目」だ。江戸時代からあった言葉ともいうが、1980年代になって若者の間に定着した。一番上は40代くらいだろうか。「ほんとうに」という意味で使われるうちに、使い方が広がった。肯定にも否定にも使われるようになった。ひと昔前の「ウソッ」と似ている。「ウソッ」は最上級の肯定の感嘆詞だった。否定ではなかった。

その「マジ」が、英字表記「MAJI」としてスーツのブランド名になっている。AOKIがオリジナルのスーツのスタイリッシュブランドと銘打って2006年秋冬シーズンから展開しており、すでに10年近い。

命名の直接の由来は、スーツのデザインにパリコレクションデザイナーのMASATOMO（山地正倫周）さんを起用していることだろう。氏のブランド名は「MA-JI MASATOMO」で、ここで「MA-JI」は山地（YAMAJI）という姓に由来するニックネームと推測する。

もともとは偶然の一致だったのかもしれない。ただスーツを着る受け手にとっては、企業の想いを超えてイメージが広がる。「マジ」は彼らの日常語であり、彼らと一緒に育った言葉だ。「マジ世代」の子たちが育って社会人となったとき、社会人が「マジ」になるときに着るスーツと考え、彼らの心に響くのではないか。

かつて、この「MAJI」と一字違いの「MUJI」というブランドが良品計画から生まれたときも衝撃を受けた。「無印」→「無地」といった時代の気分を見事に表現していた。MAJIは、一字違いだが、時代の気分ではなく、世代の気分を思いがけなく言い当てた。ブランディング企画の真剣勝負の姿勢が迫ってくる。ネーミングは、時代と世代の変化成長と、並走する。

「SOLAÉ」
空がテーマの和語ネーミング、続々。

「SOLAÉ」2007年

このところ日本語の、それも英字表記のネーミングが市場をにぎわしている。特に女性市場の商品名に顕著な傾向で、化粧品やファッション関係に目立つ。ひと昔前は横文字で外国語っぽい字面や響きが主役で、日本の製品とも思えないネーミングがあふれていた。いまや日本語のオンパレードである。それも英字表記した日本語なのだ。

「su·i·sa·i」「HAKU」「TSUBAKI」などの化粧品系から東京・赤坂の商業施設「akasaka Sacas」、トステムの窓の鍵向け新機構「CAKUS」まで幅広い範囲で思い出される。どれも日本語の英字表記。順に「水彩」「白」「椿」「赤坂咲かす」「隠す」――という具合だ。

グローバル化が原因かとも思う。ネーミングが日本語であることが海外である種の信頼を確保しているのではないか。そういえば、中国で最近カタカナやひらがなのロゴが登場している、と聞いた。そんな風潮が逆輸入されて国内でも日本語が再認識され、新しい引力を持つようになったのかもしれない。

そんなことにあれこれ思いを巡らせていたら、住友林業の戸建て住宅「Ｓｏｌａｂｏ」が妙に気になってきた。これは単なる和語の英字表記ではない。「空」という日本語と“LABO”という英語の掛け合わせだ。「空の研究所」の意味だろう。和洋折衷で、なかなか「研究」を尽くしたネーミングである。

太陽石油のブランドネーム「ＳＯＬＡＴＯ」や三菱電機のエレベーター試験塔「ＳＯＬＡÉ」など、空をテーマにしたネーミングは多いが、その中でも和洋折衷の造語「Ｓｏｌａｂｏ」は群を抜いている。ネーミングの新ジャンルの芽生えなのかもしれない。

「SASSO」「もぉ～もぉ～」
擬音語などで、気分をアピール！

「ファンタ もぉ～もぉ～ホワイト」2010年
※すでに販売を終了しております
提供：日本コカ・コーラ株式会社

言葉が言葉になる以前はきっと、わめき声か叫び声、そうでなければ「モヤモヤ」「キラキラ」「もじもじ」などの擬態語・擬声語（オノマトペ）だったのに違いない――そうしたことを考えさせるオノマトペ風の商品名。伝えたい商品情報が多すぎたり複雑だったりして、言えば言うほど逆に伝わらない。それならいっそのこと、言葉以前の状態に戻ってしまえ、ということなのかもしれない。

　例えば、コカ・コーラグループの「ファンタ　もぉ～もぉ～ホワイト」。何だかホッととしてうれしくなり、つい商品に手が伸びる、というわけである。様々な工夫を重ねた乳性炭酸飲料であるらしいが、それをくどくどとネーミングで説明されるよりもかえって「わぁ、おいしそう！」と消費者が反応してしまうのだ。「モーモー」という牛の鳴き声を連想させる商品名に、すべての思いが込もっているからだろう。

付加価値で新製品の個性を出し、それをセールスポイントにして売り出すことばかりが続いてメーカーが疲れてきたせいかもしれない。——そんなことを考えながらテレビを見ていたら、ハウス食品の「SASSO（サッソー）」という飲料のCMを思い出した。「颯爽《さっそう》」のことだろう。

たしかに意味のある言葉だが、僕には擬態語にみえた。「足のむくみが気になる」「仕事が終わったあとも軽やかに歩きたい」という女性をターゲットにした商品だけに、小気味よく歩く姿を模したと思えるからだ。CMもそんなイメージだった。それでいて、音《おん》も颯爽としている。これもけっこう、複雑な狙いを持った飲料である。

［恋瞳］

キラキラネームがコスメにも。

「恋瞳」と書いて「レンアイ」と読む。「なるほどなあ」と感心してはいけない。瞳という字に「アイ」という読み方はない。当て字である。瞳→EYE→アイ。英語の当て字だ。でも、音は当然ながら「恋愛」を想起させる。不思議な成り立ちのネーミングだ。「艶女」と書いて「アダージョ」と読ませる、あれだ。「艶男」と書いて「アデオス」と読む。あの手口だ。

この「恋瞳」の伝える意味はそんなに複雑ではない。文字通り「恋する瞳」。「もう、まつげ美容液、まつげ育毛剤、マスカラ下地、はいらない!! 1本でマスカラ命!! の女子大生のすべての希望を叶《かな》えた!!」とビックリマークいっぱいのコピーが続く。電車の中で女の子たちが熱心にまつげに塗っている伸びるマスカラ。あの商品名だ。長いまつげが恋する瞳を演出するというわけだ。

女の子たちと書いてしまったが、これはオジサンの物言いである。最近は「女子」と言うらしい。「私たちロマンチックな女子の意見だよ」なんて彼女らは言う。

もともと男くさい文字である漢字をひねくって、新しい言葉を作ることが、今の「女子」のトレンドなのかもしれない。独身女性のことを独女という。同じく独身男性は独男だ。淑女ではなく、同じ読みで「祝女」という番組タイトルもある。

「恋瞳」に立ち戻って、美容商品に絞って眺めてみても、不思議なニュアンスの漢字の表現があちこちにある。「絹髪」へ導く「いち髪は瞬蜜のひみつ。」とクラシエがいえば、ロート製薬の「肌ラボ」は「極潤」「白潤」とうたいあげる。美容食品の分野では、ハウス食品から「うるおい美率」という不思議な名前のドリンクが出た。

そういえば歴史好きの「歴女」という言葉が広まったのは、いつからだろう。あのあたりが、こうした漢字乱用の元かもしれない。

［赤組］
日本語返りする、コスメのネーミング。

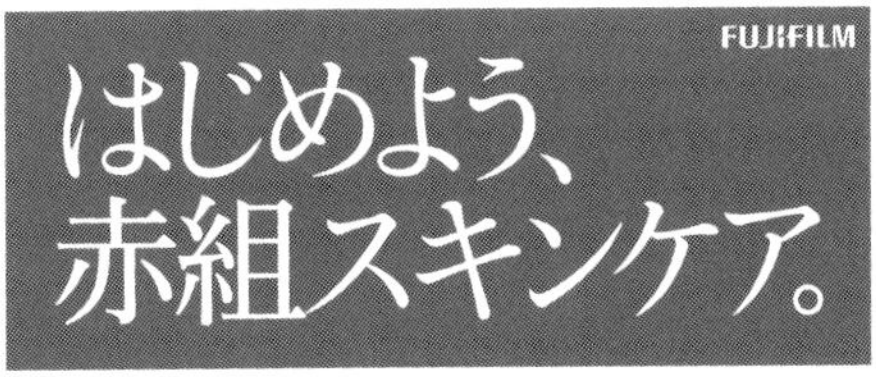
FUJIFILM
はじめよう、
赤組スキンケア。
「アスタリフト」2014年春のプロモーション

昔、「め組のひと」というネーミングがあった。たしか資生堂のキャンペーン名だった。目を化粧の中心に据えたコスメ。つまりマスカラ、アイライン、アイシャドーですね。目のまわりをくっきりと際立たせる化粧法を、「め組のひと」という一語で打ち出した。江戸の火消しのもじりで、和のイメージもうまく表現していて、楽しいキャンペーンだった。

こんな古い広告キャンペーンを、突然思い出したのは、この「赤組スキンケア。」に出くわしたから。似てるでしょう？　いや、内容がではなく、言葉遣いが似ている。

め組・赤組

三十年ほど経って繰り返すのかなあ、と感慨無量です。

富士フイルムのスキンケア化粧品「アスタリフト」の商品キャンペーン名である。商品の色が赤だから「赤組」。トマトに含まれ、抗酸化作用があるとされる「リコピン」の色らしい。今までに例がない。赤といえば「赤いスイートピー」だからタレントは松田聖子さん、という具合に、キャンペーンは「赤」で連鎖している。赤の組み合わせ「赤組」である。運動会の赤組白組という懐かしい対比イメージも鮮やかに立ち上がる。なるほど、従来の白い（透明な）化粧品に対する挑戦的なネーミングなのだ。

あらためて振り返ってみると、コスメの世界では日本語のネーミングが、いまや主流です。ランダムに思い出すだけでも、資生堂の「禅」「肌水」「むらさき」「イブキ」「TSUBAKI」「HAKU」。コーセーの「肌極」「米肌」。カネボウ化粧品の「suisai」……。

かつては化粧品のネーミングといえば、たいてい横文字だった。女性の関心がパリやニューヨークなどを向いていたからだろう。しかし近年、自信を獲得して、日本女性としての誇りを表出するようになって、こうした和語が主流のネーミングとなったのではないだろうか。

［一］

最短、最小字画のネーミングか。

缶入りのお茶の第一号は、たしか「お〜いお茶」だったという記憶がある。日本茶はお店で飲んでも無料のイメージが強いから、缶入りなど売れないだろう、と言われていたのが、いつの間にか大市場になった。今いったい何種類くらいのお茶が市場に出ているのか。にわかには計れないほど、次々と新種が登場して、いまや最も競争の激しい商品の一つである。しかも、日本茶に次いで烏龍茶も加わり、前からあった紅茶やコーヒーなどとの競合もあり、過激な競争でしのぎを削るジャンルとなった。

いうまでもなく、新種が次々と出るということは、そのたびに新しい商品名が冠されることになる。当たり前のことだが、お茶の数だけネーミングが生まれる。まさにネーミング戦争の様相を呈してくる。他との違いを様々に表出して、かしましく戦ってきた。最初に出た「お〜いお茶」が衝撃的だっただけに、あとに続くネーミングたちは、いろいろと工夫を重ねてきたのだ。

我こそは美味である。いや我こそは体によい。こちらは摘みたての葉だ。一番茶だ。煎り方が違う。いやいや当方は葉を10数種も入れた……といった具合に、様々に訴求するネーミングが出そろった。

ついに、訴求することがなくなったのかもしれない。日本コカ・コーラの「一」である。初心に返る、お茶の原点を見直す、というコンセプトなのだろう。一番茶、あるいは一番摘みのイメージを込めたのかもしれない。だから「はじめ」と読ませている。当て字ならぬ「当て読み」だろう。

一文字のネーミングは、けっこう多い。特に飲み物、わけても酒には一文字はおなじみだ。しかし、これは一画のネーミング。僕の知る限り、最短、最簡、最単のネーミングだ。とにかく、目立つ。激戦のマーケティングを突き抜けたネーミングである。

part.4
ネーミングはシャレがお好き

「メガシャキ」「ギガシャキ」
目を引くメガ・ギガ序列。

ハウス「メガシャキ」
2009年

ハウス「ギガシャキ」
2013年

提供：ハウス食品グループ本社株式会社

「メガシャキ」を初めて見たときは、目がシャキッとするドリンクという意味のネーミングなんだろうと軽く受け流した。しかし、続いて登場した「ギガシャキ」で、おっと思った。別分野のキャッチフレーズが頭に浮かんだ。フレッツ光の「ギガ速い」である。

　すごい速さ、ということを1秒間のビット数で表す「GIGA」。10の9乗＝10億。IT（情報技術）の世界ではすっかりおなじみになった単語だ。フレッツ光の「ギガ速い」のCMはギガロボットを走らせて驚かせた。今や「ギガ」は「凄い」の同意語として流通している。という次第で、「ギガシャキ」はすごくシャキッとするという新感覚表現なのであった。

では何よりすごいのか。当然、その前にあった先出の「メガシャキ」であろう。で、あらためてこのネーミングを眺めてみると「メガ」は「目が」であると同時に「MEGA」なのだということに気付いた。メガは10の6乗＝100万。つまりギガの1000分の1で下の単位である。ややこしい話になったけれど、要は「メガシャキ」と「ギガシャキ」はすごさの順番なのであった。

しかし、最初に「メガシャキ」を命名したとき、メガとギガの対を意識していたのだろうか。それとも「目が＝メガ」から連想してギガシャキと命名した結果、「メガ」に二つの意味が重なったのだろうか。時代の旬のキーワードを見事に生かし刺激的な対のネーミングに仕立てあげて、シリーズ商品の序列を分かりやすく伝えている。

同種のドリンクで分類を見事にやっている先輩が「眠眠打破」だ。その強力版を「強強打破」、さらに最近、その上をいく「激強打破」と進化させた。こちらはIT系のメガ＆ギガとは対照的に、漢方のイメージだ。漢字二文字の変化で勝負しているところがおもしろい。

商品のシリーズ化、発展はよく起こる。そのときネーミングでその序列をどう表現するか。知恵の絞りどころである。

「√T」「√K」
受験生になじみの記号を使って訴求。

東大特講√T
京大特講√K

「東大特講」「京大特講」2006年開講
提供：株式会社ベネッセコーポレーション

「ベネッセは来年の春、東大をめざします」というキャッチフレーズの、文字だけの全ページ広告。2011年、ベネッセの春一番の宣言である。

ボディーコピーは、こう続く。「目標は高く、はっきりと。これが受験の鉄則。得点に直結する学習法で、東大・京大合格をつかみとるために。ベネッセは、膨大なデータと経験のすべてを結集し、新しい東大・京大講座をスタートすることにしました。新受験生のみなさん、さあ、覚悟はいいですか。」

東大を目指す人気漫画『ドラゴン桜』（講

談社）のテレビドラマ化や、そのモデルとなったカリスマ進学塾講師がNHKの「プロフェッショナル」に登場したり。『天皇と東大』（文藝春秋）がベストセラー入りしたり。高校の補習を塾の先生に依頼するとか、大学入試問題を塾にアウトソーシングするとか。大学の価値の再認識が進んでいることは承知しているけれど、このベネッセのストレートで大胆なメッセージには驚かされた。

驚いたのはそれだけではない。この広告の締め括りともいうべき、その講座名に目を奪われた。つまり、ネーミングである。

「√T」と「√K」。

「√T」が進研ゼミ東大特講、「√K」が進研ゼミ京大特講、とある。記号ネーミングは世間に数々あるけれど、しかし√を使ったネーミングは少ない。進学塾らしいボキャブラリーからの採用だ。受験生におなじみの身近な記号である。君たちの講座だよ、君たちのためのネーミングだよ、というメッセージが、力強く発信されている。

√はROOTだ。根であり根底であり、元であり基である。なるほど、東大の根、京大の元、ということだろう。

そういえば、ルートはあの小川洋子さんの『博士の愛した数式』（新潮社）に出てくる少年のニックネームだったなあ。おでこの形が√に似ていたから。そんなことも、僕に思い出させてくれた。

「ＫＹ３６５」

ＡＫＢの影響か。省略語ネーミングの新作法。

「カカクヤスク365」2011年
提供：合同会社西友

「ＫＹ３６５」は「カカクヤスク３６５日」の略だそうだ。一年中、安く販売する、という西友のキャッチフレーズだ。いや、スローガンかもしれない。あるいは販促キャンペーンの合言葉。だとすると、キャンペーン名ということになり、れっきとしたネーミングだ。

　西友の、このキャンペーンネーミング、最初は３６５が付いていなくて「KY^2」だった。なぜ２乗なのかといえば、「カカクヤスク」と「クラシヤスク」の二つの略字なのだという。もう一つ、「ＡＫＹ42」というキャンペーン名もあって、こっちは「アットーテキカカクヤスクな42日間」の略。数字がまるでアイドルグループのAKB48のように入ってきて、ついに「KY365」に発展したようだ。

記号ネーミングである。記号というのは符丁だから、一見意味が分からない。略した意味を聞いて納得、見て納得、という本来は回りくどいレトリックだ。そのネーミング手法を、ここまで執拗に展開するのにはわけがあるはず。ここ数年来の記号ネーミングブームが背景にある。特にAKB48の人気爆発が明らかに影響を与えていただろう。余談だが、以前、NHKのテレビ番組「鶴瓶の家族に乾杯」で沖縄の魚市場の男性が「おれのまたの名はAKB58よ。アジにカツオにブリをさばく58歳さあ！」と叫んでいたのには驚いた。事ほど左様である。

広告の例は多い。際立った例で記憶に新しいのは、ダイハツの「TNP」。あれは、たしか「低燃費」の略だった。まるでクルマの車種ネーミングのごとくに、広告していた。エンジンの性能を宣言した見事なネーミングだった。

できるだけ速やかに、訴求情報を凝縮して伝える方法として、この略号ネーミング、当分は広がりそうな気配だ。そういえば「できるだけ速やかに」をASAPと書く。As soon as possibleの略。思えばこの手は古くからある手なんですね。

［キョホグレ］
カタカナ略語で、相次ぐ新企画。

「キョホグレ」2002年
提供：サントリーホールディングス株式会社

会社名や商品名に英文字の略字、略語のネーミングが、多いなあ、と思いつつ、新聞のテレビの番組表を見ていたら「トレたま」「ほんパラ」「サタ・スマ」とあって、カタカナの略字もなかなか多いぞと実感。しかも番組のタイトルにまで！　と、うなってしまった。

タイトルだって立派なネーミング。それを手がかりに人はチャンネルを選ぶ。商品名と同じ働きをしているといえる。

ところで、番組表の載っているページは、ラテ欄と呼ばれ、周知のように購読率、再読率が高い。ラテ下の広告はみなが狙っていて、掲載料も高い。おや、今「ラテ欄」なんて書いたけれど、これも略字。正しくは「ラジオテレビ欄」でしょうか。

ちなみにさっきのトレたまは「トレンドたまご」の略、ほんパラは「ほんパラ！　関口堂書店」、サタスマは「サタデースマップ」という次第です。ドリームズ・カム・トゥルーを「ドリカム」、木村拓哉さんを「キムタク」と言うがごとし。「エノケン」「アラカン」「バンツマ」を思い出したら、歳が知れますよ。榎本健一さん、嵐寛寿郎さん、阪東妻三郎さんのことだと言っても、もう知らない人がほとんどでしょう。

しかし、これらは人名だったりグループ名だったり。ネーミングというよりニックネームと言った方がよいかもしれない。では商品はどうかといえば、堂々たる省略型「商品ネーミング」がありました。

サントリーのカクテルで、「グレフル」「ピングレ」「キョホグレ」。グレープフルーツを略して「グレフル」。なるほど。ピンクのグレープフルーツを「ピングレ」もかわいい。しかし巨峰とグレープフルーツを縮めて「キョホグレ」とは！

そういえば、サントリーは大阪の会社。大阪では野菜サンドイッチのことを「ヤーサン」と怖い呼び方をする、と聞いたことがある。と、妙なところで納得したのでした。

こんな風なカタカナでの短語化（？）が進むのは、新企画、新製品の氾濫、ネーミングの氾濫の中で、少しでも覚えやすく印象的に、との工夫のなせる技なのでしょう。しかし、この手のネーミングは一種の謎解きだから、商品の内容が分かりにくくなるなあ。

「Arubara」
「ある薔薇」のカードにあらず。

「Arubaraカード」
※本カードは現在発行されておりません
提供：株式会社ジェーシービー

初めてこのカードを見たとき、目が点になってしまった。いったいなんのカードなんだ？若い社員に彼のカードを見せられて、僕は浦島太郎みたいに一気に歳をとった気分になってしまった。

「Arubara？」「あるばら？」「アルバラ？」「あるバラ？」。新しくできたテナントビルの会員カードか、それとも、アラブ系のレストランか――。僕の想像力をもってしてもこのあたりが限界であった。情けない。

考えてみると、カードの種類はいったいどのくらいあるのか。クレジット会社のカード、銀行系のカード、それらの機能が付いているデパートなどのショッパーズ・カード、クレジットが付いていない単なるお店のポイントカード。

僕のようなオジサンでも、サイフと手帳を調べたら15枚近くあった。その中には、マツモトキヨシやヨドバシカメラ、TSUTAYAのカード、空港のパーキングカードまであった。しかし、この僕にして、このArubaraカードを知らなかったとは、不覚だった。

このカードはテナントビルもアラブも関係ない、JCBのカードである。しかもスペシャルカードだそうだ。「ある時払い」を縮めて、「Arubara」。リボ払いの一種で、毎月一定の金額を返すのではなく、ある時払いでよろしいカード、というある種の機能カードなのだそうです。

「ではある時払いの催促なしかい？」とその若い社員に聞いたら、バカにしたような笑いだけが返ってきた。ある条件を超えたら催促はあるらしい。そりゃそうだ。

同じ銀行系カードでも、ゴールドだのシルバーだのがあったり、女性専用カードもあったりする時代だから、さらにターゲットを細分化して、こうした催促ナシ、ではなかったある時払い機能のカードの出現も顧客獲得のアイデアなのだろう。

それにしても「Arubara」とはねえ。

［うるさら7］
語呂合わせで、機能をアピール。

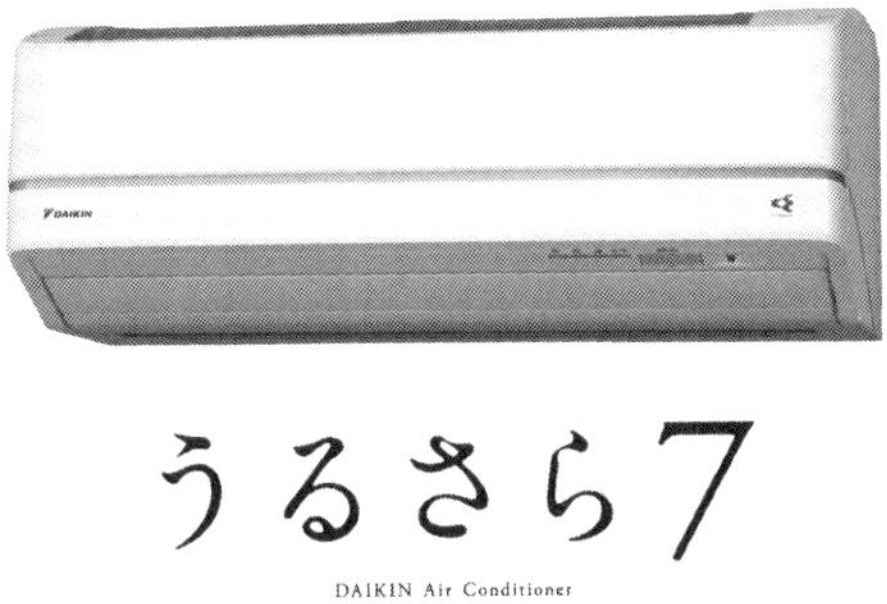

「うるさら7　Rシリーズ」
2012年よりシリーズ発売
提供：ダイキン工業株式会社

あ、「うるるとさらら」の進化形だ。すぐに気が付いた。ダイキン工業の家庭用エアコンのブランド名である。加湿と除湿という相反する機能を見事に表現したネーミングとして、登場時に注目された。

あの「うるるとさらら」が七つの特徴を掲げて生まれ変わったのが「うるさら7」というネーミングだ。「新冷媒」「省エネ性」「気流」「自然の風」「光速ストリーマ（ダイキン独自の除菌・脱臭技術）」「除湿」「加湿」の七つ。実はこの七つというのが、このネーミングのミソなのだ。ヘソなのである。

もう一度、ネーミングを見てほしい。

「うるさら７」

「７」がなんだか意味ありげだ。なぜ、７なんだ？

ＣＭを見聞きしたらすぐに気付くことだが、このネーミングは「ウルトラセブン」の類音、シャレ、地口。つまり語呂合わせなのですね。声に出して読んでみてください。ね、似てるでしょう？

だから、特徴は七つでなければならなかった。いや、七つだったから、このネーミングを思いついたのかもしれないが。このネーミングは「うるるとさらら」の凝縮造語と「ウルトラセブン」との語呂合わせという二刀流のウルトラテクニックでできている。

突然、思い出した。こんなウルトラテクニックの先輩ネーミングがいたぞ。商品分野は違うが明治の「活蔘28」だ。こちらは「鉄人28号」の語呂合わせ。高麗人参のエキス入りの栄養飲料で、成分の由来を活蔘に込めている。そして、28の栄養素を配合したことが数字の由縁で「鉄人28号」につないでいるのだった。

この手の、ウルトラテクニックの、奥の手は深い。

［ママリッジ］

〝できちゃった婚〟なんて呼ばないで。

Mama×Marriageで「Ｍａｍａｒｒｉａｇｅ」、それが「ママリッジ」だそうである。え、「ママの結婚？」「つまり子連れの再婚のこと？」かと言えばそうではないという。じゃあ、未婚の母の結婚かな、と思った方はかなり近い。母には違いないのだけれど、子連れだと言っては正確ではない。子供がまだいるわけではない。いや、大ざっぱにいえば「いる」と言えないわけではないのだけれど、まだ子供ではない。ああ、歯がゆいですね。はい、ご名答です。おなかの中に赤ちゃんがいる。つまり「妊婦の結婚」のことなのである。そうです、別の言い方で「できちゃった婚」。今までは陰でこそこそウワサされていた。それを堂々と宣言してしまおう、というのがこのネーミングなのだそうだ。披露宴の席でも悪びれず、「今日の新郎新婦は、ママリッジよ」と呼ぼうというわけである。なぜか。なぜ日なたに出すネーミングが必要か。

今、花嫁の三人に一人のおなかの中には赤ちゃんがいるのだそうである。20歳の花嫁さんは80％が妊娠していると聞いて、目をむいた。だから、いまや「できちゃった婚」は、こそこそささやかれるマイナーな出来事ではない。ちゃんとした呼称があってしかるべきだと、ブライダル業界は考えているらしい。その要望に応えたネーミングの一つが「ママリッジ」なのだという。

他にもいろんな言い方があるらしい。いわく「おめでた婚」「授かり婚」「Wハッピー婚」……で、やっぱり「ママリッジ」が使い勝手がいいと、このネーミングを採用してパンフレットやウェブサイトに展開し、新しいウエディングのスタイルを売り出したブライダル会社もあった。

「ママリッジ」の二人のためのウエディングとハネムーン、という新マーチャンダイジングだった。

［サカムケア］単純明快な、得意のダジャレ！

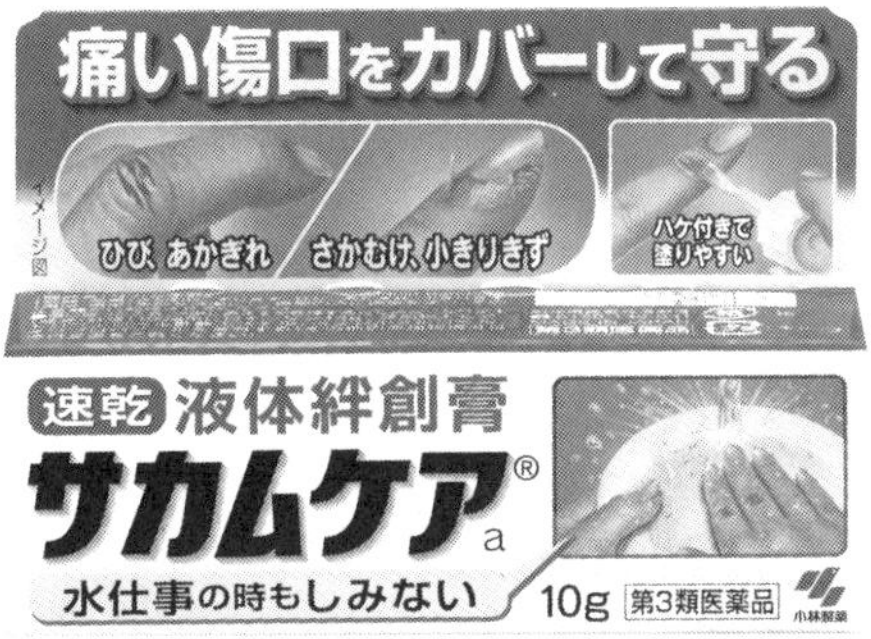

「サカムケア」2001年
提供：小林製薬株式会社

冬が来ると、身体のあちこちが具合悪くなってくる。手はカサカサ、指はサカムケ、足の裏はバリバリ……とまあ、オジサンは寄る年波をひしひしと感じる日々でありますが、こんなやそんな症状に悩んで、ふとマツモトキヨシ（あらためて眺めてみるとすごいネーミングですね）に立ち寄ってみたら、いやあ、たくさんの薬が所狭しと並んでいる。

　目も眩む種々のブランド、品種の数々。それもカタカナの、意味のよく分からないネーミングの薬ばかり。オジサンは茫然自失、もうどれを選んでいいか分からなくなる。いや、その前に何の薬を求めてドラッグストアに入ったのかさえ忘れてしまいそうだ。

そのときオジサンは、サカムケが痛くってやってきたのだが、幸い目的の薬にすぐ到着できた。

並みいる薬のパッケージの中から、その薬はすぐにオジサンの目に飛び込んでくれたのである。

「サカムケア」

回りくどいことは何も言っていない。サカムケ×ケア＝サカムケの手当て、といっているんですから、分かりやすいことこの上ない。オジサンだって迷わなくてすむのだった。

サカムケアの名付け親は小林製薬。そのユニークなネーミング作法はあまりに有名である。このコラムでも一度は触れたかったが、今まで機会がなかった。オジサンがサカムケになったのが、いいチャンスとなった。

とにかく愚直なほどにストレートなネーミング。その戦略は一貫している。

カサカサかかとに「なめらかかと」、咳を止めたいなら「セキピタン」、おならで困ったら「ガスピタン」、やけどしたら大急ぎで「アッチＱＱ」……いずれも、オジサンでも分かるネーミング。迷わず手が出る小林流ネーミングだ。

［スゴ衣］

「スゴ薄」「スゴ軽」「スゴ暖」と、いろいろスゴい！

「ヒートテック」というネーミングで保温肌着を大々的に販売しているのは、カジュアル衣料専門店のユニクロだ。毎冬順調に売れている様子である。しかし、ネーミングが地味なので、店ではなかなか探し出せない。僕は「ヒートなんとかという、あったまる下着、ありますか」などと店員に尋ねてしまった。

薄手なのに着ると暖かな肌着はユニクロの他にもいろんなメーカーが発売しており、毎冬の衣料品市場の目玉の一つになっている。発熱するタイプや、繊維と繊維の間で暖まった空気を外に逃さず、高い保温性を維持するタイプが目立つ。しかし、それぞれの製品の呼称がいまひとつ定着していない。落ち着かない。「クールビズ」みたいには広く知られていない。などと思っていたところに、ワコールのこのネーミングである。

「スゴ衣」。スゴいネーミングである。マイッタ参った、である。しかも、ワコールのウェブサイトなどでは「スゴ薄」「スゴ軽」「スゴ暖」と畳みかけている。「暖かさだけじゃないよ、薄いし、軽いんだ」という製品特性を「スゴ」でくるんでしまった。そしてキャッチフレーズも「アウターも肌着も　二つのあったか　スゴ衣」。さらには同じ素材を使って作り、外出着にもなるTシャツを「スゴT」と名付けてしまった。

ここまで徹底した「スゴ」いネーミング展開を読まされているうちに、「スゴ衣」という単語がすっかり僕の頭の奥に刻み込まれてしまった。「冬のワコールはスゴ衣のだ」ということが、寒い季節と寒い世相と重なり合った体と意識に、温かく受け止められるのであった。

［カンタンいろいろ使えま酢］

語呂合わせでしっかり機能訴求。

「カンタンいろいろ使えます」とお勧めしている「酢」なのですね。そこんところがミソ（？）で、語呂合わせにしつらえてある。

ミツカンの「カンタンいろいろ使えま酢」は、商品がお酢であることをちゃんと宣言しつつ、使い勝手のよさをアピールしている。適度なユーモアで味付けしつつ、分かりやすい。しかし、ネーミングは覚えやすいことが第一だから短いほどいい、という常識からすると、これは、いささか長い。

そう思って眺めてみると近年、長めのネーミングが増えていることに思い至った。大ヒットした桃屋の「辛そうで辛くない少し辛いラー油」や「スープがおいしいカレー鍋の素」。食品ではないけれど、日清紡ペーパープロダクツの「シャワートイレのためにつくった吸水力が2倍のトイレットペーパー」なんて超長い例もある。本の題名も長いものが目立つ。『もし高校野球の女子マネージャーがドラッカーの「マネジメント」を読んだら』（ダイヤモンド社）なんか代表格だ。

なぜ、長い名前が増えるのか？　パッケージの広告化、という事情が背景にあるのではないかと思う。景気低迷下の需要縮小が、商品開発数を増加させる。開発数に反比例して、広告チャンスが減ってくる。極端にいえば、広告してもらえない商品が誕生する。そんな彼らはどうやって自己主張をすればいいのか。宣伝すればいいのか。店頭で自分自身の体を張って広告するしかない。つまり、これがパッケージの広告化です。パッケージ（ラベル）に記されたネーミングのみで、広告メッセージを叫ぶしかないわけです。だから、ネーミングが長くなる。冗舌になる。一生懸命に魅力的な語り口になる。

先に例に挙げたネーミングたちはどれも、スーパーや本屋の棚の上から直接、客に向かって体を張って広告をしている姿なのです。生まれたときにきっと「一人でがんばれよ、自分で売りなさいね」と突き放された商品も多かったにちがいありません。

「ビックロ」
二つのネーミングの出合いと合体。

「ビックロ」2012年
提供：株式会社ビックカメラ

一見親父ギャグ的な店名「ビックロ」は、マーケティング上、画期的なネーミングだった。

東京・新宿に開業した家電とアパレルのコラボ店舗。ビックカメラとユニクロの共同店舗のネーミングだ。

「ビックロ」は「ビックカメラ」と「ユニクロ」の掛け合わせだ。「ク」が共有で、言葉の掛け算になっている。「ク」がミソで、この共有の「ク」がなければ成り立たないネーミングなのだ。ヨドバシカメラでもコジマでも、ダメ。ユニクロと共有の「ク」がないからだ。

このネーミング作法は古くからあって、例えばSo-netと表記されるソネットエンタテインメントなんかは典型的。真ん中の「n」がSONYとNETをうまくつないでいる。英字のネーミングに例は多い。というわけで、「ビックロ」はネーミング的に見て、ビックカメラとユニクロのコラボ以外ではあり得ないネーミングとなった。

しかし、これはネーミング上だけの偶然とはいえない。「ビックロ」という意表をついたネーミングのおもしろさは、実はこの異種二企業の売り場が合体するという出店企画そのものにあったのだ。そこにこそ偶然性があった。

大胆不敵な戦略そのものが、すごい偶然を生み出した。ネーミングの偶然がそこに重なったのだ。

ビックカメラとユニクロ、それぞれのブランド力がこのネーミングに掛け合わさって凝縮されている。客は店と商品の成り立ちを、このネーミングから直感認識して駆けつけたのだった。

情報の表現と伝達機能を全うした見事な「掛け算ネーミング」である。

［女子テコ］

女子×ステテコ＝新ネーミング。

女子テコ®

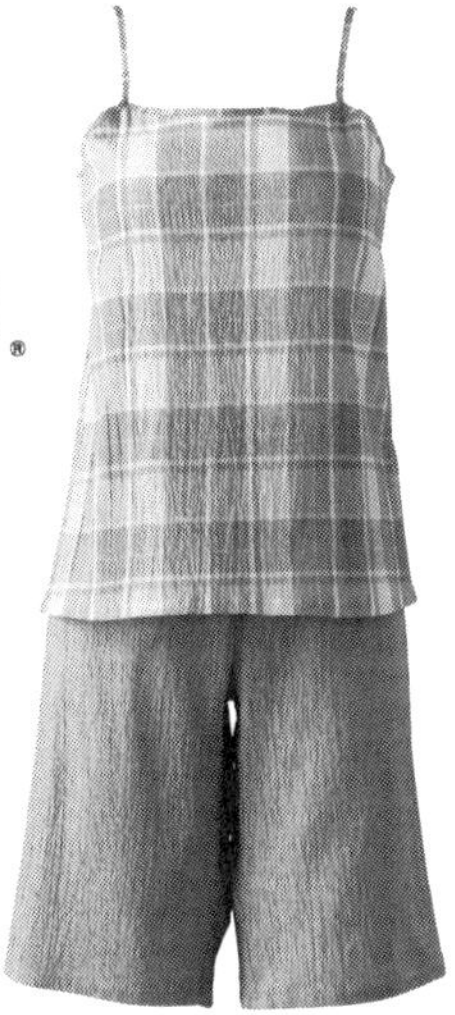

「女子テコ」2011年
提供：株式会社ワコール

ワコールが２０１４年４月に発売した女性用ステテコ「女子テコ」と、業界各社が掲げるようになった「涼テコ」あるいは「涼てこ」。「ついにここまで来たか」というのが、これらのネーミングに出合ったときの実感だった。ネーミングも衝撃的だったのだが、商品企画の時代性そのものが目を見張らせる。猛暑が生んだトレンドといっても過言ではない。

ステテコは明治時代に着物の下着として生まれた、いわば男のインナーウエア。初代の三遊亭圓遊さんが着物の裾をまくって「ステテコ～」と踊りながら紹介したことから、普及したのだとか。「(膝から下を)捨てておこう」が詰まったのが、語源だそうだ。

それ以来、男たちが長年愛用し続けてきた。と言いたいところだが、近年、特にヤング層ではほとんど、はかれなくなっていた。ステテコ→おじさん→カッコわるい、という連鎖が、この商品を死に体にしかかっていた。そこへ、節電の大号令の夏である。

ワコールが部屋着にも使える「部屋テコ」と銘打ったデザイン性の高いステテコは、ここに来て一気に時代の寵児《ちょうじ》となった。そして各社が打ち出した「涼テコ」あるいは「涼てこ」。「涼」の一字が通気性や快適性をアピールし、「節電の暑い夏」を乗り切る方策を示唆しているのだ。アンダーウエアとしてだけでなく、アウターとしてもはいてほしいとの思いも伝わってくる。

さらに「女子テコ」に至ってはトレンドの漢字呼称「女子」を冠しての登場だ。男子のおしゃれな新生ステテコを、ファッションとして拝借しようという大胆な提案。ルームウエアの側面を持ちつつ、アウトパンツとしてもアピールしている。男子×女子=異種混合。まさにハイブリッド・ステテコである。それにしても「女子」や「歴女」と古めかしい言葉の氾濫が目立つ。ネーミングも昔返りしているようだ。

［和ごむ］

欲張ったコンセプト、三文字に。

「和ごむ」2015年
提供：コクヨ株式会社

初めて見た瞬間、僕は「なごむ」と読んでしまった。気持ちのいいネーミングだなあ、と感じ入りつつすぐ気が付いた。これは輪ゴムの新種なんだ。しかも和風のいでたちをしている。だから、「わごむ」が正しいのだろう。

　つまり、和風の輪ゴム。こっちが正解なんだと納得しつつ、しかしこのパッケージにはどこにもルビが振ってないなあ。これは、どっちに読んでくれてもいいですよ、という投げかけなのかなあ、と分からなくなっちゃった。念のためウェブサイトを開いて見たら、おやおや、ちゃんと英字で「wagomu」と紹介してあるではないですか。

だったら商品パッケージにも書いてくれてもよさそうなものを、あえてわざとルビを振らなかったんじゃないか。どっちに読んでくれてもいいですよ。同時に両音で読んでくれたら、なおうれしい。「なごむ、わごむ」とね。

つまりですね、商品が訴えたいのは「心なごむ、和風の、輪ゴム」。これだけ欲張ったコンセプトを「和ごむ」の3文字に凝縮した。そんな深読みを僕はあえてしたのでした。

日本語っておもしろい。一字が複数の意味を持っていて、それがうまくはまると、こんな多重の芸ができるんだ。日本語の奥深さとネーミングの手だれに、あらためて感じ入ったのでした。

芸といえば、この商品はコクヨが毎年広く一般から公募するデザインコンペ「コクヨデザインアワード」の入選作の中から、商品化されたものだそうだ。簡単に結べることから「何度あってもよい」という意味で慶事に使われる水引の蝶結びをモチーフにしたシリコーン製の輪ゴム、というのがデザインの意図だった。シリコーンという斬新な素材を使ったことで伸縮自在だ。価格は税別460円。

応募当初は「MIZUHIKI BAND」というネーミングだったそうだ。水引のデザインであることは見れば分かるから、このネーミングでは広がりがなかった。伝えたい意味やイメージの多重性。それらを「和ごむ」にギュギュッと凝縮したのでしょう。

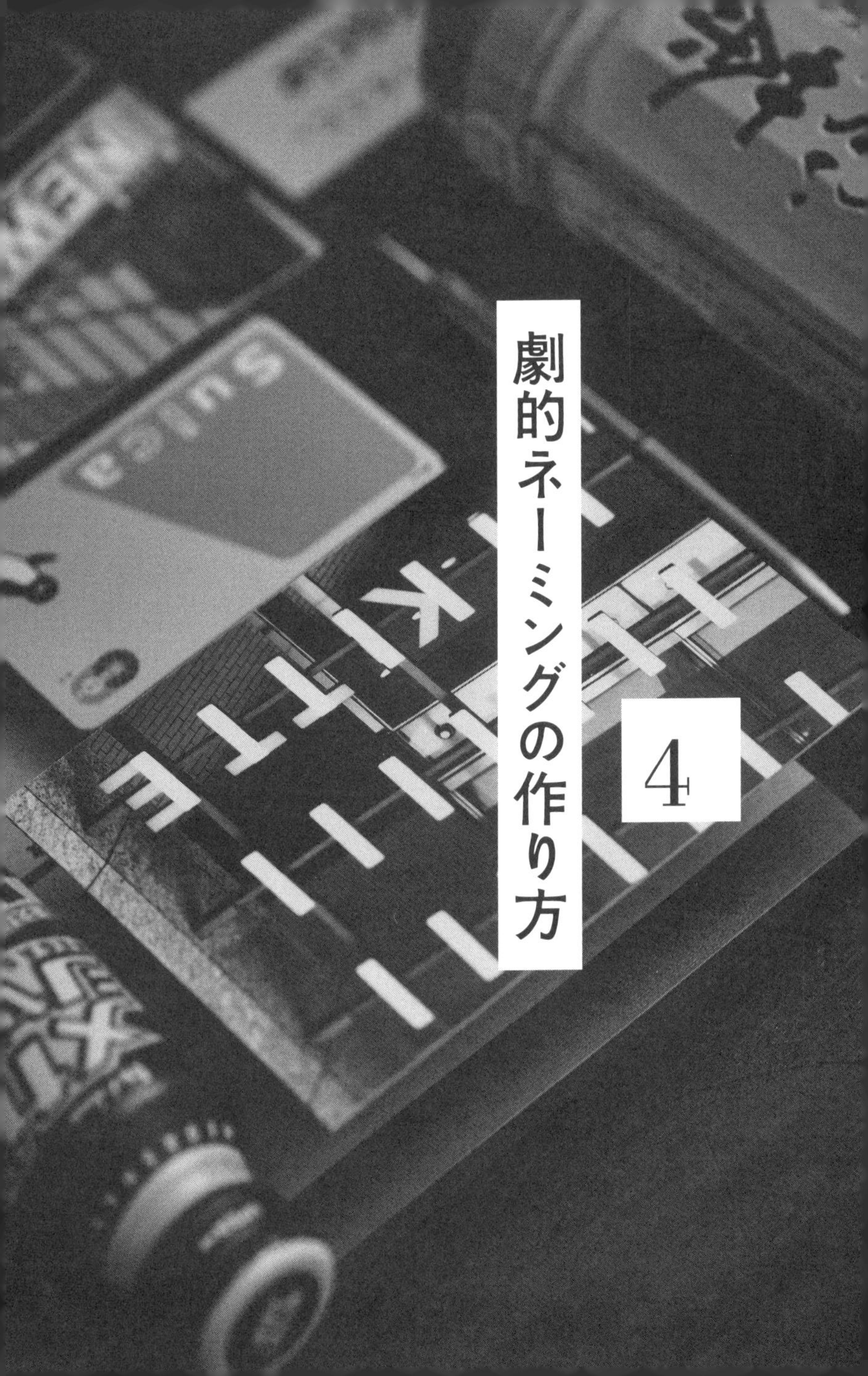

4

劇的ネーミングの作り方

劇的と章タイトルに書いたのは、ネーミングがマーケティングという名の舞台でモノやコトのドラマを演じるからです。物語を表現する主役となって、人々を感動させることがその役割である、宿命である、ということを再認識した上で、ネーミングの作り方を開陳したいと思ったことが背景にあります。

　マーケティングの主役、広告の核として、ネーミングはどんな姿をしていなければならないか。主役にふさわしいネーミングはどうやって作ればいいのか。

　すなわち、ネーミングの在り方、作り方を探ってみましょう。

ネーミング作業表

商品実体の把握

↓

マーケティング・
コンセプトの把握

↓

ターゲットの分析

↓

ネーミング・
アプローチの設定

↓

キーワード検索

↓

ネーミング作成

↓

ネーミング・
チェックポイント検証

↓

ネーミングの商標登録

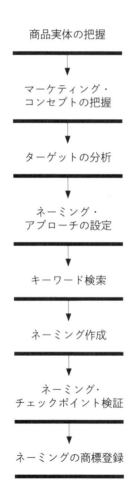

1 商品実体の把握／そのモノやコトの特性は？

「ネーミングはひらめきで生まれるんですか」とか「トイレの中で思いつくこともあるんでしょ」とか聞かれることがあります。しかし、詩や俳句を作るようなわけにはいきません。失礼、詩や俳句を詠む方に叱られますね。あれらだってやみくもに作っているわけではありません。様々な観察や分析を重ねた上で言葉を研ぎ澄まして作るものでしょう。いわんやネーミングはモノやコトを感動をもって伝え、そのモノやコトを売るための言葉です。そんな劇的な役割を負っているからこそ、作るプロセスが重要なのです。それを抜きにして、いきなりひらめきは生まれません。

さて。商品（モノやコト）が生まれました。まだ名無しです。じっと観察する。これがネーミング作りの第一歩です。それを前にしてあなたのすべきことは何か。いきなり言葉を探すことではありません。徹底的に分析することです。

例えば、それが食品なら、こんな確認をすることから始めます。商品によって確認項目が変わってきますが、これらのポイントがネーミング作りの一番の基礎になります。何しろモノやコトそのものの実体ですからね。

物性＝商品の成り立ち

原料は何か？
新しいブレンドなのか？
どんな技術で作られたか？
産地に特徴はないか？

性質＝嗜好性

味は？
色は？
匂いは？
感触は？

機能

栄養価、栄養の種類は？
ダイエット効果は？
エネルギー系か？
健康効果があるか？
美容効果は？

形状

液体か？
固体か？
気体か？
四角か、丸いか、三角か？

これらの分析の中から、同種同類の商品に勝つために、原料とブレンドの画期性にポイントを絞ったのが、あのロングセラー「アサヒ　十六茶」でしょう。他のお茶と一線を画す差別ポイント。それをネーミングにしたのは、製品自体の見事な解析があったからだといえます。いいえ、他にないお茶を作るために、多種茶葉のブレンドという製法を編み出した。その製品開発のテーマに絞ったことから生まれたネーミング、といった方が正しいでしょう。商品の実体の確認がいかに大事かといった一例です。

2 マーケティング・コンセプトの把握／どんな所で、どんな時間に、どんな場面で？

次は、どんな市場で売られるのか、どんな場所で使われるのか、という確認です。商品企画コンセプトの確認ともいえます。例えば、それが飲み物だったらこんな分析を始めます。

家で飲むものか？
オフィスで飲むものか？

屋内で楽しむものか？
外で楽しむものか？
日常の飲み物か？
旅行やドライブのお供か？
朝か、昼か、夜か？

こうして、その商品の目指す舞台をしっかりと把握します。そして、その舞台に他社のどんな商品が競合品として活躍しているか、市場調査のレポートをしっかり分析してかからなければなりません。新たに開発した飲み物を登場させる舞台に、どんな競争相手がいるかを知っておかなければならないのです。

もしそれがお茶だったら、ものすごい数のブランドがすでにある。たくさんの既売品がある。だったら、その中で際立つにはどのマーケットで戦った方が有利か。相手に勝てるか。ということを考慮した上で、ネーミングを作らなければならないのです。

「キリン 午後の紅茶」はこうしたマーケット分析の上に立って生まれたにちがいありません。朝飲んでも夜飲んでも同じ味でしょうに、あえて「午後の」とネーミングにしたのは、お茶の氾濫しているマーケットの分析から導いた訴求ポイントだったにちがいありません。

3 ターゲットの分析

では、そうしたマーケットの主人公は誰でしょう。その商品を届けたい相手はどんな人たちでしょう。いわゆるターゲットを考慮しなければ、ネーミング作りは始まりません。誰に買ってもらいたいのか、誰が販売対象なのかが重要な要素となります。

男性か、女性か？
若い層か、年配層か？
既婚か、未婚か、子供は何人？
老齢者か、子供か？
大学生か、高校生か？
理系か、文系か？
ホワイトカラーか、ブルーカラーか？
住まいは戸建か、マンションか？
金融系か、IT関係か？
エコ志向で自然回帰の意識が強い？
スポーツ好き？

クルマの志向は？
お酒は洋酒派、日本酒派？

ターゲットを設定することで、売り方が違ってきます。売る場所が変わってくる。デパートに陳列するのか、スーパーやコンビニに並べるのか。通販やネットマーケットでデビューさせるのか。販売の前線が違ってきます。そして、そうしたマーケット戦略が、ネーミングに反映されなければならないのです。

広告の計画を立てるとき、一人の人物を仮想設定することがよくあります。コンシューマーを具体的に設定して、彼らに届く広告を作るためです。それと同じ試みを、ネーミング作りでもよくトライします。彼らに好感を持って共感してもらえるネーミングはどんな言葉だろう、と考えるテストパネルとして、設定するのです。

例えば、

「私立大学出身の32歳の女性。商社勤務。夫はIT関係の外資系企業勤務。結婚7年目のいわゆるDINKs。住まいは郊外の2DKマンション。そのローン2年目。週に一度スポーツクラブに通っている。夫は学生時代ラグビー部。最近ゴルフを始めた」

さあ、この女性に、売りたい化粧品だったら、どんなネーミングがふさわしいか。彼女にちゃんと届く効果的ネーミングは、どんな言葉で作らなければならないか。

あるいは、この夫婦にクルマを売るなら、どんなネーミングが二人の心に訴えるか。ネーミングを見て、ウェブサイトを覗いてくれて、カーショップに試乗しに来てくれる。そんな引力を持つネーミングはどんな言葉で作ったらいいだろう。

この二人の具体像をにらみながら、ふさわしいネーミングを作っていくわけです。この仮想人物像がその指標になるのです。ここに、もう一つ重要な意味が込められています。広告はマスコミュニケーションですが、それを見たり聞いたりするのは一人一人の個人です。新聞やネットを一人で見る。一人で聴く。マスへ発信するけれど受信は個人でする。買うというアクションを起こすのも個人一人一人です。だから僕は、マスコミュニケーションのことを、「マス個ミュニケーション」と呼ぶことにしています。

余談ですが、だから広告コピーは個人に届く個人的な発言、個人的な言葉でなければならない、というのが僕の持論です。「皆さん」と群衆に投げる言葉ではなく、一人の人「あなた」に語りかける言葉でありたい。コピーは個人の言葉で作るべし。これがコピーについての岩永私説です。

当然、広告の核であるネーミングにも同じことを言いたい。ネーミングが語りかけるのは、当然、個人です。マスではなくマスの中の一人一人の個人が、受け手。だから、こんなコンシューマーの個人像を仮想設定して、「個人に届く言葉作り」をすることが重要である。そう確信しています。

4 ネーミング・アプローチの設定

商品実体の把握マーケティング・コンセプトの把握、そして、ターゲットの分析。この三つの作業が終わったら、いよいよネーミング作りの準備に取り掛かります。まだ準備です。言葉作りはまだ先です。ネーミング・アプローチの設定が、大事な準備になります。

アプローチというのは「方向」のことです。言葉作りを始めるにあたっていくつかの方向性を設定する。ネーミングという実を育てるための枝作りとでもいえばいいかもしれません。商品企画を根に喩えれば、そこから新製品という一本の木が生えた。さてその幹からいろんな方向に枝が張り出してくる。いろんな実を結ぶ枝、いろんな言葉を実らせる枝が伸びてくる。様々な「言葉の果実」を実らせる枝を持つ木なのです。この木は、枝によってりんごだったり、ミカンだったり、梨だったり、ぶどうだったり……育つ実が違う不思議な木なのです。

その枝が、今まで話してきた商品の実体やマーケティング・コンセプトやターゲット分析の中から出てくるのです。その中にあった様々な傾向を、例えば、こんな具合に分類してみます。他の商品と区別差別できる強い特性、訴求力のある要素が発見できたポイントをアプローチとして設定していきます。

アプローチ①　製法
アプローチ②　効用
アプローチ③　イメージ
アプローチ④　ターゲット
アプローチ⑤　ライフスタイル

この五つの設定は一例です。商品によっては、こんな設定もできます。

アプローチ①　原料
アプローチ②　味
アプローチ③　場所
アプローチ④　時間
アプローチ⑤　栄養価

お気付きだと思いますが、これはマーケティングやターゲット分析の細かい具体ポイントも設定に取り入れています。つまり、場合によって自在に枝の形を変えていい。商品によってふさわしいアプローチを設定してください。それが、カメラならカメラなりのアプローチがありえますし、クルマならクルマのアプローチの枝が考えられる。食品だったらどうだろう？　いや建物だったら？　全く違う設定があるでしょう。アプローチの設定はケースバイケース、自在に設定してください。

ところで、実作業ではこうした設定作業の段階で早くも決断を下してしまう、ということもしばしばあります。「この製品は製法に圧倒的な訴求力があるから、そこだけをネーミングの方向にしよう」と決断してしまえば、他のアプローチを追いかけなくてすみます。無駄な努力が省け、賢い決断となることもあるのです。早いうちに、一つのアプローチといわないまでも少しでもアプローチの数を絞ると、あとの作業はぐんと楽になります。

たとえば、今ＦＣＶ（燃料電池自動車）を設定してみます。

アプローチ①　電気
アプローチ②　排気ガスがゼロ
アプローチ③　排出は水だけ
アプローチ④　究極のエコロジー
アプローチ⑤　未来の主役

現在すでに「ＭＩＲＡＩ」というＦＣＶがありますね。あれは、アプローチ⑤未来の主役、から生まれたネーミングです。いろいろなアプローチを試みた結果、決断したネーミングだと思います。いや、もしかしたら早い段階で⑤未来の主役、に絞る決心をしてずばり「ＭＩＲＡＩ」に決したのかもしれません。

いずれにせよ、基本的にはこの枝作りをしっかりやっておくことが大事です。これに失敗すると、とんでもない方向に行ってしまう。隣の木（他社製品）の枝だったりすると大変だからです。

ネーミングは、最後は一つの選択です。しかしそこにたどり着くまでにはたくさんの枝をたどっていかなければならない。というわけでアプローチの枝を決めました。いよいよ、ネーミングという言葉探し、言葉作りの始まりです。

5　キーワード検索

ネーミング作りのスタートラインに立つこと。それが、キーワード検索です。

ここが、力仕事。勝負どころです。たった一つのネーミングを作るのに、ずいぶん回り道をするものだ、と思うかもしれませんが、この作業を抜きにしてうんうんうなっても、有能なネーミングは生まれないのです。

さて、いくつか設定したアプローチに沿って、ネーミングの素材になりそうな言葉を探す。まさに、キーワード検索の開始です。

例えば、その新製品のアプローチの一つを「イメージ=明るい」としたとしましょう。すると、あなたは「明るい」を表す言葉を広いジャンルで探す作業を始めることになります。

漢字、英語、イタリア語、フランス語（ファッション商品だったら特に）、ラテン語（欧米語のほとんどはラテン語の変化形です）……言語の違いだけでなく、スポーツ用語、音楽用語、天文用語、化学用語や数学用語、動物名、地名、神話、今をときめくIT用語やコンピュータ用語だって、役に立つかもしれません。

そしてもちろん、日本語の主役である仮名言葉（和語とも呼びます）……。こうやって「明るい」というテーマに合致しそうな言葉を集めまくります。

この作業では、あなたのボキャブラリーの量や質が問われるのはもちろんですが、辞書やネットで検索するという地味な作業が求められることになります。

探索作業の例を示してみましょう。「明るい」のキーワードです。まず、漢字や仮名から始めましょうか。

光　火　輝き　陽　燦燦《さんさん》　灼熱　明朗　太陽　お日様　月　お天道様　ポカポカ
ジリジリ　眩しい　朗らか　日なたぼっこ　にこにこ……

これら和語を基本として、これらの他語表現に向かいます。外国語では、例えば、

LIGHT SUN SOLEIL BRIGHT SHINE SHINY APOLLO STAR MOON LUNA
GALAXY PROMETHEUS……限りなく広がっていきます。

さらに、他の用語ではどうだろう、と方向転換して検索を進めていきましょう。用語を探すことがとりもなおさず、キーワード検索の基礎となるのです。

以下様々に検索してみますが、商品によって、もっといろいろあるかもしれません。ケースに合わせてあなたが、「言葉のジャンル」を探してください。いくつか、参考になるテーマを掲載します。

人名や地名

日本だけでなく世界中の、さらには歴史上の人物や事件も要注意です。「JAL悟空」は『西遊記』の孫悟空から、「野菜中心蔵」は忠臣蔵から。このジャンルのキーワードから生まれました。

『POPEYE』『BRUTUS』『Tarzan』『Hanako』

どれも、マガジンハウスの雑誌ですが、一貫して人名で通しています。POPEYEとBRUTUSは同じ漫画の中の架空人物。あ、『Olive』という雑誌もありましたね。POPEYEの恋人です。

「隆盛と重信」という焼酎があります。鹿児島の芋焼酎と佐賀の米焼酎のブレンドから生まれたので両県の英雄の名前を重ねました。

街の名前、都市の名前、村や山や海の名前など。小さな地名がキーワードになることもあります。原宿の「スペイン坂」はローマのスペイン広場からきているし、資生堂の子会社の「ザ・ギンザ」はもちろん東京の銀座をキーワードにしています。

動物や植物

魚の名前、昆虫たち、架空の動物の名前の他の検索も忘れずに。「トンボ鉛筆」や「ヤクルトスワローズ」。そういえば野球のチーム名は動物名からが多いですね。「阪神タイガース」「西武ライオンズ」などは、このジャンルから生まれたネーミングです。「ガンバ」はイタリア語の「足」ですって。もちろん日本語の「がんばろう」との素晴らしいダブルミーニングで、採用されたのでしょう。

自然現象

『空の名前』(角川書店)という本がありますが、雲の名前だってたくさんあります。自然界の名前や現象も役に立つのです。海の名前、風の名前、波の名前などなど。海だけでも無数の呼び方があるでしょう。

海浜、海岸、潮騒、深海、海溝、渚、海流、引き潮、満ち潮、潮流……きりなく大海のように言葉が広がります。これらの外国語はどうなんだろう、と検索の範囲はさらに広がっていきます。

形容詞、副詞など

さわやか　あざやか　青い　赤い　きれい……

ネーミングのためだからと、名詞ばかりに目を奪われていると、落とし穴にはまります。「キレイキレイ」というハンドソープがあります。キレイの重ね語に仕上げました。ヨーロッパ系の言葉は、男性女性や比較級などでいろいろ変化するので気をつけること。much → more, many → more と変化したり、bele → belle, bon → bonne と変身したりすることも、見落とさないでください。

形容詞だけではありません。「ピピット正確」という医療機器は副詞です。サントリーの「ＤＡＫＡＲＡ」や「それから」などは接続詞。名前は名詞とは限らないのです。

感嘆詞

驚き、疑問、興奮などを表します。なかには「！」や「？」のような記号も可能性があるかもしれません。

ヤッホー　ワオ！……チャンネルネーミングの「ＷＯＷＯＷ」などは、このジャンルから生まれた典型でしょう。

会話語

こんにちは　おはよう　またね　ありがとう　はじめまして　好きだよ

といったしゃべり言葉。「これからだ」という保険のネーミングや「お父さんがんばって！」などはそんな会話体の言葉から生まれました。

「元気甲斐」という駅弁は「元気かい」というしゃべり言葉と「甲斐の国」という地名を掛け合わせたネーミングでした。会話語がネーミングの素になっているのですね。スラングなども検索する必要があります。

料理用語

『サラダ記念日』（河出書房新社）などという書名は、意表をついた料理言葉から生まれました。『書斎のポ・ト・フ』（筑摩書房）、僕の本では『言葉のレシピ』（すばる舎）という本もありました。料理に関係ないのに料理言葉をキーワードにする。意表をつく言葉の検索があとで実ることがあるのです。

「トマト銀行」も素敵な例の一つです。銀行のネーミングを決めるのに、料理の素材である野菜の名前を持ってきた。そのことが、インパクトのあるネーミングを生み出したのですね。画期的なネーミングは分野違いのキーワードからしばしば生まれます。

音楽用語

スラー　レガート　シャープ（電機会社のブランドネーミングでもありますね）　アンダンテ　フラット　シンフォニー　タンゴ　ルンバ　ジルバ　マンボ……

まだまだあります。

「ルンバ」や「タンゴ」や「アコード」「プレリュード」などは、そのまま実際に車のネーミングになっています。ホンダやダイハツは一時車名を音楽用語にしようと試みたことがあります。

スポーツ用語

ここもキーワードの宝庫です。

ゴール　オフサイド　キック、などはサッカーです。キャッチャー　ベース　ホームラン　スイング、なら野球です。いや、スイングはゴルフ用語でもあります。

ティアップ　スライス　フック　カップイン　ニアピン……コピーライターのゴルフチームの名前で「ニアペン倶楽部」というのがあります。僕が名付けました。「ピン」ではなく「ペン」にしたところが、ミソでした。ライターだからペンというわけです。今はパソコンで書いていますけどね。余談でした。

天文用語

マルス　サターン　ネプチューンは、惑星の名前。魚座　水瓶座（アクエリアス）は、星座です。

ＪＲのイオカードは衛星の名前からとられました。ioはイタリア語で「私」、デジタルの１と０でもある。というトリプルミーニングのネーミングでした。沖縄の「オリオンビール」や靴の「ムーンスター」なども、この分野に入るかもしれません。

医学用語

まさかと思われる分野にもキーワードは存在します。

オペ　ドクター　ナース　ホスピタル　遺伝子　骨（Bone）　血（Blood）　脳（Brain）　Medical　Medicine　心臓（Heart）　DNA……「ＤｅＮＡ」という野球チーム（スポンサー名でもある）はこのアレンジでしょう。

科学化学、数学用語

実験　研究　微分　因数分解　引力　ベクトル　アインシュタイン　ガリレオ……

科学者の名前もこのジャンルからピックアップできるかもしれません。クエン酸からアレンジした「９０３」というドリンクがあります。「Ｈ２Ｏ」とか「Ｈ２ＯＦＦ」というファッションブランド。「10ｃｃ」というロックグループ名。「√ＧＡＬＬＥＲＹ」は画廊のネーミング。「ＯＺＯＮＥ」という施設名もあります。

数字や記号もたくさん分布しているジャンルです。

ＩＴ用語

デジタル系全体でもいいでしょう。いまやこの分野の言葉の氾濫には目を見張るものがあります。前項に含まれるかもしれないけれど、独立したジャンルとして探っていきましょう。

Web Tablet .com USB eMAIL NET Command Delete Data ブラウザ @……

今打っている僕のＰＣを覗いて見ただけでも、ひと昔前にはなかった言葉が散乱しています。だいぶ昔ですが、「UNPLUGGED」はクラプトンのアルバムネーミングです。UNPLUGGEDとは、プラグを抜くこと。自由時間といった意味らしい。

さて。こうしたキーワードの検索は、記者が記事データを集めるのと似ています。言葉の取材、といえるかもしれません。記者が記事を書くのは、締め切りぎりぎり。それまではできるだけたくさんの取材先から、情報を集めなければならない。ここまでに示したキーワードのアプローチという作業は、まさに広域取材だったという次第です。

6 ネーミング開発

いよいよネーミング作りの本番です。

今まで集めてきた言葉たちは、あくまで素材にすぎません。だから「キーワード」と呼びました。文字通り「ネーミング作りの鍵」になる言葉たちなのです。

これらの素材をどう料理するか。ワーディングと呼ばれたりするこの過程は、ネーミングのメイン工程です。

ネーミングの基本パターン

さて、その手法として、最初に四つのメソッドを立てていきます。

①素ネーミング
②足し算ネーミング
③引き算ネーミング
④掛け算ネーミング

いわば、ネーミング作法の基本パターンです。順に見てみましょう。

①素ネーミング　N＝K

Nはネーミング、Kはキーワードです。

キーワードとして探しておいた言葉の中で、手を加えず、そのままネーミング案になるものです。

たとえば化粧品の「HAKU」や「MIRAI」、雑誌名の『STORY』や『MORE』、下着の「ハダカ」や「ステテコ」など。何の加工もしていない。しいて加工といえば英字表記になっている点でしょうか。「ハダカ」の場合はカタカナ表記が工夫かもしれない。「UL・OS」という男性用コスメも「潤《うるお》す」というキーワードを、そのまま素で使用したケース。英字表記で工夫をしただけです。でも英字でずいぶん表情が変わりますね。

コンセプトを追求していったら、加工しなくても立派に目的を果たす言葉があった。それをそのままネーミングにした。いわば、キーワードのネーミングへの格上げ。実際に世間で流通しているネーミングの半分以上は、実はこうした素ネーミングです。

②足し算ネーミング　N＝K1＋K2

　NはネーミングK1、K2は、二つのキーワードです。

キーワードを加工しないでそのまま使うという点では、①の「素ネーミング」と同じなのですが、二つのキーワードを足し、加えていくところが違います。まれに長いネーミングでは三つ四つというのもありますが、要するに足し算です。足し算だけれど、まだ加工はしません。複数の言葉を足すだけ。

「おいしい牛乳」は、おいしい＋牛乳。「カロリーメイト」は、カロリー＋メイト。「天然水」は、天然＋水。当たり前といえば当たり前の作法です。この足し算で強い言葉を作るには、異質の語の組み合わせがパワーを持つ、というのが僕の持論です。

　前にちょっと触れましたが「トマト銀行」は、まさに異質語足し算の典型といっていいでしょう。「ソフトバンク」もよく見ると異質ですね。やわらかい銀行。ふつう考えられない組み合わせ。ソフトはバンクにとっては意表をついた形容詞です。もっともソフトウエアというIT語と掛け合わせたのかもしれない。だいいちソフトバンクは銀行ではない。「データバンク」のバンクかもしれません。いずれにしても登場したときの新鮮な響きは忘れられません。

③引き算ネーミング　N＝K－k

Nはネーミング、Kはキーワード、kはKの一部です。

キーワードの一番大事な部分だけを残して、削っていく。どこまで削れるかが勝負です。人のニックネームの成り立ちと似ています。俊介を「シュン」に、健太郎を「ケンタ」にするが如し。そういえば子供たちは、ケンタッキーフライドチキンを「ケンタ」なんて呼んでいますね。マクドナルドは「マック」「マクド」だし、ファミリーマートは「ファミマ」。スターバックスはいつのまにか「スタバ」で通じるようになった。そういう作り方を、引き算ネーミングと呼んでいるわけです。

ここで気を付けなければいけないことは、大事な語幹を切らないこと。でないと意味が変わってきたりなくなったりするからです。例えば、コミュニケーションの語幹はCOMですからこれ以上削れない部分です。逆に上部を省略したらどうなるでしょう。「ニケーション」とか「ケーション」となって、コミュニケーションという語が本来持っていた意味から離れてしまいます。注意しましょう。

④掛け算ネーミング　N＝K1×K2

Nはネーミング、K1、K2はキーワードです。

たとえば「So-net」。SONYとNETWORKの掛け合わせというわけです。掛け合わさって一つになっちゃった。二つの意味が合体するという仕組みです。それぞれの一部が同じ語でそこを重ねる、というところが特徴です。SONYのNとNETWORKのNが重なっている。だから掛け算と名付けたのです。おもしろいのは、掛け算って、引き算ネーミング同士の足し算、という様相を呈することです。

SONYを縮めた「SON」とNETWORKを削った「NET」の足し算とも言える。掛け算をすると、自然に、引き算した語同士の組み合わせになるのです。

「SECOM」は、SECURITY×COMMUNICATIONです。それぞれの語尾を引いた語幹を組み合わせた。Cが重なっていますね。

「キシリッシュ」は、キシリトール×フレッシュ。ガムです。

「ウメッシュ」は、梅酒×フレッシュ。梅酒ソーダのネーミングです。いまや一般名称になってしまいましたね。

僕がかつて手掛けた「Japants」というネーミングも、掛け算の典型でした。ふんどしのネーミングなのですが、国際的にグローバルにマーケットを求めるネーミングを、というのが注文でした。日本の下着ということを伝えたい、という点も命題でした。そこで、日本を表す英語表記JapanとパンツをD意味するPantsを掛け合わせたわけです。panの部分で重なっているでしょう。見方によればJapanにtsを付けただけ、あるいはPantsにJaを加えただけ。掛け算ネーミングの傑作と言われました。

余談に、おもしろい例をもう一つ。
TEXASとMEXICOを掛け合わせてTEXMEXなんていう料理名があります。それぞれを省略して掛け合わせて、しかも語呂合わせになっている。高等技術です。

単に語と語の掛け算ではなく、「意味の掛け算」というハイレベルな掛け算もあります。こんなケースです。

「CASE BY CASE」

コンポーネント家具のネーミングです。箱と箱という意味ですが「場合によって」という意味もある。二つの意味の掛け算になっているでしょ？

こんな風に掛け算には、いろんな仕掛けができる。マジカルな手法です。

ネーミング方程式

N＝ネーミング　**K**＝キーワード　**k**＝Kの一部

素ネーミング	$N = K$
足し算ネーミング	$N = K1 + K2$
引き算ネーミング	$N = K - k$
掛け算ネーミング	$N = K1 \times K2$

ネーミングのレトリック

キーワードからの展開を見てきましたが、いよいよ、ネーミング作りの本丸、レトリックです。文体といってもいいかもしれません。僕なりに次の八つのレトリックに整理してみました。

①漢字ネーミング
②語呂合わせネーミング
③当て字ネーミング
④略語ネーミング
⑤オノマトペ・ネーミング
⑥記号数字ネーミング
⑦会話語ネーミング
⑧言葉遊びネーミング

一つずつ見てみましょう。

①漢字ネーミング

まずクイズから。次の漢字は何のネーミングか？

「侍」「響」「座」「膳」

時代劇は関係ありません。居酒屋の名前でもない。はい、正解は飲み物のネーミングです。「侍」はスポーツ飲料。「響」「座」「膳」はウイスキーです。今はもう消えてしまったものもありますが、かつては立派なブランドでした。

「侍」という文字を見ていろんな時代劇の主人公をイメージする人は多いでしょう。宮本武蔵を想起する人、『蝉しぐれ』（文藝春秋）とか「武士の一分《いちぶん》」を想う人もいるでしょう。一文字が様々な世界に遊ばせてくれる。

「響」は字画数が多い。豊かな音の広がりを醸しています。

「座」は座敷、和室のイメージでしょう。この広告では「座ウイスキー」というコピーを添えていました。座の文字が英語のTHEと重ねてある。漢字と英語のハイブリッド（混血）ですね。最高の、至高のウイスキーだという意味もアピールしていました。

「膳」はどうですか。和食の世界感です。京料理を思い起こす人がいるかもしれません。「ぜん」という音《おん》をPCで打つと、前・然・全・善・禅……と次々に出てきます。音が同じで意味が違う。いわゆる同音異語ですね。たくさんの意味を持っている。一文字でも豊かな世界を表現しているのに、音でさらに広い世界に広がる。漢字の超能力といえます。

漢字の力は大きい。広い。強い。すごい。

一文字でもこうですから、漢字を2文字3文字と重ねていくと、その世界は二乗、三乗とたくさん乗数的に情報を発信します。ネーミングの最も大事なフィールドの一つといっていいでしょう。

②語呂合わせネーミング

違う言葉の意味を掛けるので、「掛け詞」ともいいます。語呂とは音のこと。同じ音の違う語と組み合わせるので、語呂合わせと呼びます。

例えば、「野菜中心蔵」というネーミング。声に出して読んでみると、「中心蔵」は、あのお芝居の「忠臣蔵」と同じだということが分かります。つまり同音異義語。日本人なら誰でも知っている忠臣蔵という言葉に合わせた。語呂を合わせて、冷蔵庫の真ん中に野菜庫を置いた画期的なシステムを表現したのです。そのレトリックによって、このネーミングは一瞬にして覚えられた。そして、ネーミングと一緒に特徴である新システムまで記憶させてしまいました。

「最洗ターン」という洗濯機。これも語呂合わせの典型的ネーミングです。「最先端」と「ターン」の掛け言葉でネーミングを作ってしまった。当時、最先端技術だった回転ドラム方式を、見事に掛けたネーミングです。「ターン」が掛け言葉のヘソ、いや、ミソですね。

「元気甲斐」という駅弁も語呂合わせの例です。「元気かい？」という挨拶語と「甲斐の国」を掛けている。山梨県の小淵沢駅で生まれました。山梨県の昔の国名は甲斐。産地名をうまく掛け合わせています。見た目は漢字4文字でごつい印象なのに、売り子の呼び声は「元気かい！　元気かい？」と語りかけてくる。楽しい語呂合わせネーミングです。

③当て字ネーミング

語呂合わせと似ているけれど、ちょっと違う。当て字、という手法があります。ある音《おん》に漢字を当てていくというやり方です。主にその語の音と漢字との関係で成り立ちます。例えば、「第九」というネーミングがあります。ベートーベンのあまりに有名な名曲の名前。でも音楽喫茶のネーミングではありません。ＤＩＹのお店の名前。日曜大工店のネーミングです。「大工」に「第九」を当てちゃった。当て字ネーミングというわけです。同じ当て字方式で「出多楽目」はスナック名。ドンキホーテに当て字した「呑気放亭」というのもあります。いわゆるキラキラネームはこのあたりが元祖かもしれない。当て字でがんばったのは、文明開化期の日本人でした。外来語を漢字に置き換えた。

アメリカを「亜米利加」
フランスを「仏蘭西」

イギリスを「英吉利」
ロンドンを「倫敦」
ベルリンを「伯林」

という具合です。もしかすると中国で当て字にし、輸入されたものもあるかもしれませんが。ともかくこれらは、音に当てた例ですが、意味に当てる当て字もたくさん例があります。

Rocking Chair を「安楽椅子」
Fountain Pen を「万年筆」
Baseball を「野球」
Movie を「活動写真」

どれも意味の当て字です。翻訳にちがいないのですが、見事な意訳。Rockingは安楽ではないし、Fountainは万年じゃない。Baseは野原ではない。あのスポーツを野原の玉遊び、と解釈して置き換えてしまった。一説に正岡子規のネーミングといわれていますが、ともかく意味の当て字の変化球といえる傑作です。

蛇足ですが、横浜では犬のことを「カメヤ」と訳したというおもしろい話があります。

アメリカ人が犬を呼ぶとき「Come Here」と呼ぶ。「カムヒア」が「亀屋」に聞こえた。それを犬の呼び名と勘違いしたのだそうです。これも当て字の一種かもしれません。

④略語ネーミング

NHKは、Nippon Hoso Kyokai
NECは、Nippon Electric Company
NTTは、Nippon Telegraph and Telephone Corporation

頭一文字がJのものもたくさんあります。

JAは、Japan Agricultural Co-operatives
JTは、Japan Tobacco Inc.
JHは、Japan Highway Public Corporation
JRは、Japan Railways
JRAは、Japan Racing Association

似たのがずいぶんあるでしょう。会社や団体のネーミングに多い。頭文字の略語ネーミングです。この手法で目指したいのは、声に出して「読める」こと。つまり言葉の姿をしている方がいい。覚えやすいからです。JALは「ジャル」と読めるけれど、JTは「ジェイティィ」とアルファベット読みしかできないでしょ。略語の姿をしている方が流通しやすいのです。

ところで、この手法はネーミング以前に、欧米語によくある略語の親戚でもあります。ASAP（As soon as possible：できるだけ早く）なんかeメールのお尻などによく書きますね。あのたぐいです。

MVPはMost Valuable Player（最優秀選手）

PSはPostscript（追伸）

SVPはS'il Vous Plaît（どうぞ〈フランス語〉）

この手法が伝染したのかどうかわかりませんが、「XYZ」なんて略語まで生まれた。なんとExamine Your Zipper（ジッパー開いてるよ）のことだって。

そういえば、とここで思い出すのは、日本語の「KY語」。ご存じのように「空気が読めない＝Kuuki Yomenai」の略語「KY」からきた流行語ですね。例えばこんな具合です。

JK＝女子高生、常識的に考えて、冗談は顔だけにしろ

QBK＝急にボールが来たので

KWSK＝詳しく

MJK＝マジか？
AM＝あとでまたね
FK＝ファンデーション濃いね
HK＝話変わるけど
JO＝時代遅れ

KY語は、必ずしもネーミングではない。会話の略語化ともいうべき現象ですが、従来の頭文字略語法から派生した新しい造語だともいえる。ネーミングの略語法として、今後参考になりそうです。

最近の略語では、「AKB48」をはじめとする「NMB48」「SKE48」「HKT48」「NGT48」などの略し方。秋葉原、難波、栄町、博多、新潟、から略したというのですが、イレギュラーな略し方。語の中の印象的な文字をとってくる新しい風潮です。

⑤オノマトペ・ネーミング

擬音語、擬態語のことです。「どんどん」とか「きらきら」とか「スカッと」とか。もともとキャッチフレーズでよく使われる語ですね。コカ・コーラの永遠の（？）名コピー、「スカッとさわやか」の「スカッ」なんかが、オノマトペです。「ちゃんとちゃんと。

AJINOMOTO」の「ちゃんとちゃんと」もそうですね。

そんなオノマトペをいっそネーミングにしてしまったらどうだ。「スカット」というブランドを作ってしまう。あるいは「チャント」という商品を作ってしまおう、という考え方から生まれるネーミングです。

ビールのキャッチフレーズをそのままネーミングにした「ぐびなま。」、グリコのスナック「カリリ」や皮むき甘栗の「ぱっくりん」などは、そこから生まれました。「ヒ〜ハー!!」という辛いスナック。

「シー・ハー・ハー」というミントのキャンディ。爽快感のオノマトペであると同時に、SHE・HER・HERと重ねてある。女性向けのキャンディだということも示唆している。掛け算のネーミングでもあります。同名の歌もありましたね。アイドルグループKis-My-Ft2のヒット曲。こちらは英語ではっきり「SHE! HER! HER!」でした。

どれも、商品のシズル感をそのままネーミングにした例。食品などで活躍するオノマトペ・ネーミングです。

いや、食品でなくたってありますよ。「VIEW CARD」はJRですからね。「ビューッと走る」というオノマトペと、眺め=VIEWを掛けたネーミングだそうです。

とにかく、オノマトペは言葉の宝庫です。ネーミング素材の宝庫です。分類して挙げてみました。参考にしてください。

いろんな感覚のオノマトペ

視覚オノマトペ…「ピカピカ」など
聴覚オノマトペ…「ガラガラ」など
触覚オノマトペ…「ヒリヒリ」など
味覚オノマトペ…「ビリビリ」など
心態オノマトペ…「オロオロ」など

一つの状態にいろんなオノマトペ

「笑い」…ゲラゲラ、フフフ、ケラケラ、ヘラヘラ、ニタニタ、カンラカラカラ、ニコニコ
「流れ」…サラサラ、ピチャピチャ、バシャバシャ、ヒタヒタ、ザアザア、ガブガブ、チャプチャプ
「糸」…グニャグニャ、クネクネ、ウネウネ、ぎざぎざ、グニャッ、ピーン、シャキーン

一つのオノマトペにいろんな状況の例

「キラキラ」…眼・太陽・光・朝・夏・禿頭・金・ガラスなど

⑥記号数字ネーミング

『XY』ゼクシィと読みます。現在の『zexy』です。一見、略語のように見えますが、違います。単なるアルファベット。記号です。婚活誌ですから、しいて言えば染色体のXとYだそうです。染色体を表す記号。意味はありません。でも染色体の記号という隠れた意味があった。記号ネーミングは、そうしたなんらかの隠し味が必要です。

「QT」という化粧品は、CUTY＝かわいいの記号化、というわけです。

「AQドーナツ」のAQは永久。記号の当て字です。タイヤのネーミングでした。

この手でいけば、こんなネーミングだって生まれます。

庭球の「TQ」はテニス関係のネーミングに。

応急の「OQ」は医療関係のネーミングに。あ、王宮関係でもいいですね。そんなイメージの製品のときに使えそうでしょ。


数字だって記号の一種です。

「23区」はアパレルのブランド名です。東京都の中心部、東京23区のライフスタイルをネーミングで打ち出した。

「999・9」は眼鏡店のネーミング。「フォーナインズ」と読ませている。

「〇|〇|」は「丸井」を記号改名したもの。全国の〇|〇|の電話番号を0101に

する、というブランディング展開が見事だった。

「4℃」も、アパレルのネーミング。そういえば、「10ｃｃ」というロックバンドがありましたね。一回の射精量を意味していたとか。わあ、はずかし。

記号や数字の語呂合わせ、ともいうべきこの手法の参考になるのが、作家の嵐山光三郎さんの提唱する記号語。「ＡＢＣ文体と１２３文体」と称して発表なさっています。紹介しておきます。例えば、こんな具合です。

「ＫＡ者はＱ人案内で採ったＥ女をＩＣてしまった。で、いやらＣことを要Ｑし、ハＹで卑ＹなＡＹ恋、ＹＹさＹだその後で強制Ｙ褻しちゃった。Ｅ女はＰＰ泣いてはＹの８９３にＥつけた。８９３は殺したるＹ！　と言った。本当にこＹ話」

解読できましたか？　次は数字だけで、しかも10だけで。

「10民主党」
「10箱」
「10眠」
「10民」
「10医」

順に「10」を自由、重、冬、住、獣、の置き換えに使っている。こんなのもあります。

「34」は、三銃士
「64」は、無視
「12ン」は、住人
「52どうぞ」は、ご自由にどうぞ

などと続きます。そういえば「903」(クエン酸の表現)というドリンクがありましたね。

記号や数字の力、あなどるべからずです。

⑦会話語ネーミング

名詞という語は、「名前の詞」と書くくらいですから、名前は、本来名詞です。なかには「はるか」とか「きよし」といった形容詞の名前もありますが、ほとんどは名詞です。形容詞だって詞=語ですね。一つの単語。ところが、商品名に限っていえば、そうともいえない。ちょっと長い句だったり、文だったりすることがある。

「ごはんですよ！」

「お父さんがんばって！」

「すっぱくてごめんね」

「あ！　あれたべよ」

「甘栗むいちゃいました」


いまやスーパーやコンビニで主役です。スーパーやコンビニで人は口をきかなくてすむ。無口に商品を選んで、無口にレジに運ぶ。でもほんとは温かい会話に飢えているんじゃないか。だから、商品から温かい言葉をかけられるとほっと和む。「ごはんですよ！」とか「お〜いお茶」とか「写ルンです」といった語りかけが心に刺さるのではないか。効果的な「パッケージのおしゃべり話法」といえるのではないでしょうか。

⑧言葉遊びネーミング

まず、回文（回語と名付けたい）。上から読んでも下から読んでも「竹薮焼けた」は「たけやぶやけた」。あれです。ネーミングでは、

「ａｋａｓａｋａ　Ｓａｃａｓ」

が好例でしょう。地名の赤坂を英字表記するとａｋａｓａｋａと回文になる。このこと

がヒントになって、「Ｓａｃａｓ」が生まれたのでしょう。うまくいきましたね。

クルマの「ＣＩＶＩＣ」
住宅設備会社の「ＬＩＸＩＬ」
スポーツ用具会社の「ＸＡＮＡＸ」
ゲームセンターの「ＡＶＩＶＡ」

これらも、英字の回文（回語）です。カタカナで「シビック」「リクシル」「ザナックス」「アビバ」と書いたら、読んだら、回文というわけではない。音で回語ではないのだけれど、英字だと美しい回語になっている。

これらはロゴになったとき、威力を発揮するんですね。見事にシンメトリーになる。この美しい文字形が、記憶の脳細胞に刷り込む効果があるのです。

回文ではないけれど、こんな有効な言葉遊びがあります。

「ＤＡＫＡＲＡ」

回文みたいですが、ちょっと違う。カタカナにした「ダカラ」も回語ではない。ＫＡＲＡＤＡ、カラダ（体）のスペル替えでしょう。こういう文字の入れ替えを。アナグラムといいます。

「バソキヤ」

「NABRUD」

これらは、別段意味はありません。「バソキヤ」は「焼きそば」の逆さ読み。逆さ書き。「NABRUD」はレナウンの名ブランド「D'URBAN」の逆さ書きです。

いずれも、文字通りナンセンスな言葉遊びです。でも、ただナンセンス（無意味）なわけではない。製品の市場に賭ける様々な思いや夢を託して作られる、センスあるネーミングなのです。

7 ネーミング・チェックポイント検証

様々なアプローチでキーワードを探り、集めたキーワードをいろんな作法で加工して、ネーミング案を作ってきました。ずいぶんたくさんの案ができたことでしょう。さて、それらの案からどうやって一つに絞るのか。何を基準に決めればいいのか。それが問題です。最後の難関です。

「ネーミングの仕事の半分は、決める作業である」と僕は考えています。ネーミング案はたくさんできた。しかし、決めるのは一点です。一点に絞る作業はすなわち、多数を捨てる作業なのです。長い時間をかけて作ってきた何十という案を捨て去る作業。それがネーミングを決める、ということなのです。残酷な作業です。

捨てるためのモノサシ。合否のチェックポイントが、次の8項目です。

チェックポイント① 情報とイメージが、表現されているか？

モノやコトの特長や特質がその案に表れているか。他にないメリット＝セールスポイントが表現されているか。ターゲットにフィットするイメージがあるか。読んで、見て、心に浮かぶか。

チェックポイント② 簡明か？

情報やイメージが表現されているとしても、その表現は分かりやすいか。そのターゲットの人が一瞬にして理解できるか。説明が必要なネーミングでは、激しい競争市場で勝てない。

チェックポイント③ 呼びやすいか？

テレビやラジオなどから、ネーミングは音で発信されます。また、人の口から人の耳に伝えられるモノでもあります。だから、歯切れがよく、はっきりと明快でなければなりません。必ず声に出してチェックしましょう。

チェックポイント④ 覚えやすいか？

一度聞いたら忘れられない。一度見たらしっかり記憶に残る。そうでなければ、ネーミングは伝播していきません。読みやすい、聞きやすいことが、覚えやすさのカギになります。覚えやすいロゴにしやすい言葉でもありたいものです。

チェックポイント⑤ 親しみやすいか？

愛されるネーミングは、それが商品名であれ会社名であれ、団体名であれ、親しみやすい音でなければなりません。老若男女に好感を持たれるだろうか？　もチェックしてください。

チェックポイント⑥「らしさ」はあるか？

そのモノやコトによって求められる「らしさ」は違います。例えば、こんな具合にケースに合わせて必要な「らしさ」を設定して、チェックしましょう。

- ●ＩＴ関係なら「先進感」はあるか？
- ●マンションなら「重厚感」はあるか？
- ●ゲームの名前なら「おもしろ感」はあるか？
- ●機械などだったら「技術感」はあるか？
- ●海外展開のモノなら「グローバル感」はあるか？

チェックポイント⑦ 類似はないか？

ネーミング氾濫の海の中に進水するのですから、似たモノがあっては駄目です。類似したネーミングはないか。簡易商標調査は法的類似チェックとして必須です（次項でご案内します）。

それともう一つ。インターネットでの同一チェックを忘れずに。その案と同じネーミングなどが、世の中にどのくらいあるか、ないか。商標を持っていないモノもありますし、カテゴリーが違えば問題はないのですが、一応チェックしておきましょう。
　あなたのネーミング案が、将来検索されるとき、同じ言葉が多かったら到達しにくくなります。少ない方がヒットされやすい。今やネット時代の、重要なチェック作業なのです。

チェックポイント⑧ 音の性格

　音には性格があります。明るい音、賢い音、知的な音、元気な音、柔らかい音、鋭い音、重厚感ある音……そのネーミング案が商品の性格に合っているか、この表は母音と子音の性格表です。参考にしながらチェックしてください。

母音のチェックポイント

	明るさ	強さ	大きさ	格調	するどさ	やさしさ	知的	情感	重さ	軽さ	口の形
あ	◎	○	○	▲		○		▲	△		⬯
お	△	◎	◎	△					○		○
え	▲				○	△	△	◎		○	⬭
う			▲			◎		○	▲	△	⬭
い				○	◎		○	△		◎	⬭
ん	○	○	△	◎	△		◎		◎	▲	—

子音のチェックポイント

	明るさ	強さ	大きさ（広がり）	重さ	軽さ	鋭さ	やわらかさ	元気	男性的	女性的
b				△					△	
c	○	△			△			○		
d				○					◎	
f					◎		▲			○
g				◎		○			○	
h					○		△			△
j		▲						▲	△	
k		○				△		△		
l	△		△				○			△
m							◎		◎	
n	▲	◎	○	▲						
p	◎		○		○			◎		
q					△		△			
r	△		△							○
s					▲	○		△		
t		○				△				
v				△					▲	
w	○		◎					○		
x		△				▲				
y			▲				○			▲
z				○		◎			○	

以上、いろんなチェックが、ネーミング案の取捨選択のカギになることを書きました。

しかし、本当はもっと有効な方法があるんですね。ネーミング作りの作業中にこのチェックポイント表をそばに置いておいてほしい。チェックしながら作れば無駄な案を作らなくてすむ。チェックポイント表でフルイにかけながらパスした案だけを候補に残していく。

そうすれば、たくさんの案を最後に捨てるという残念無念を少しは避けられるでしょう。

この表は、ネーミング作業の「座右のチェックポイント」なのです。

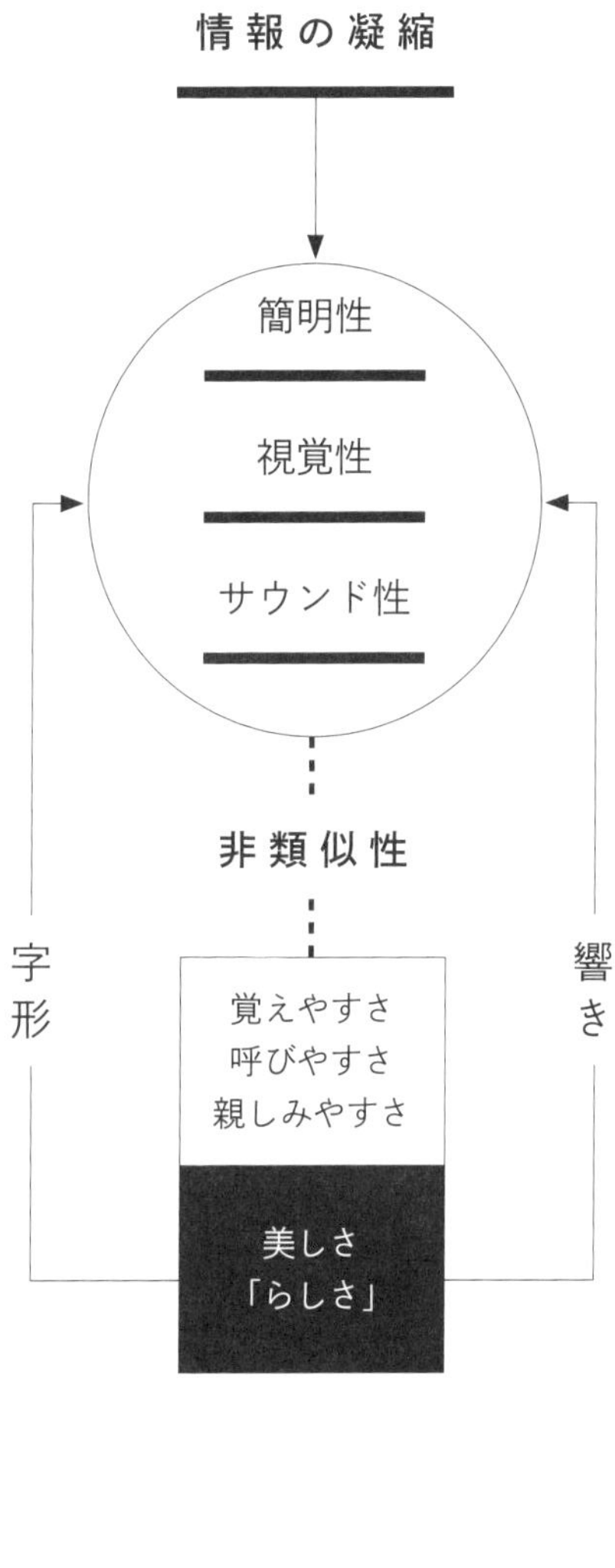

8 ネーミングの商標登録

ネーミングは特許がとれる

広告のキャッチコピーと違って、ネーミングは商標登録が必要です。案が絞られたら、それが登録可能か調査する必要があります。というのは、その案を先に誰かが商標登録していたら、あなたのその案は登録できない。特許と同じように使用権が法的に守られているのです。その代わりいったん登録できたら、今度はあなたのネーミングが守られる。他からの登録を拒否してくれるわけです。つまり、ネーミングは特許がとれる。だから、商標登録は特許庁の管轄なのです。

まず、あなたの案がすでに登録されているネーミングに抵触していないか調べること。同じネーミングがあったら、登録をあきらめなければなりません。いえ、同一でなくても、似た言葉がすでに登録されていたらダメ。例えば、登録済みのロックスカンパニー（僕の社のブランド名です）というネーミングに対して「ロックカンパニー」でも「ロックコンパニー」でも、たぶん不可。類似とみなされるからです。

ただし、同一カテゴリーに同じ言葉の登録がなければ問題ありません。もし、たくさんの分野で登録したければ広く調査しなければなりません。カテゴリーは「機械」「食品」といった大きな区分と、その中の「自動車」「菓子」といった狭い範囲を規定した類似コードがあって、どっちで登録してもよろしい。

広く商標を押さえたい場合は、複数の区分、複数の類似コードを目指さなくてはなりません。区分や類似コードについては、このあと、特許庁のインターネット調査の実践場面で紹介します。

以上は、同一・類似の問題ですが、登録できない言葉も規定されています。例えば普通名称そのもの。菓子を「菓子」、チョコレートを「チョコレート」、牛乳を「牛乳」という名称では登録できない。普通名称はみんなの共有財産だ、という考えからです。

さらに「おいしい」などのその商品にありがちな形容詞も不可です。でも「おいしい牛乳」という商品はありますよね。あれはたぶん商標登録なしでしょう。その代わり誰でも使える。それでかまわないという判断なら、商標なしのネーミングとして使用できます。だから、明治にも森永にも「おいしい牛乳」があるわけです。

同じような理由で、東京とか九州とか渋谷とか地名そのものや、キログラムや100円のような単位も登録不可です。他にも、差別用語や「バカ」などの公序良俗に反する言葉は許可されません。

その他、いろいろ細々と条件がありますが、それはあとで紹介する特許庁のホームページで調べてください。

複数案の段階で調査しておく

ネーミング決定は、この登録事情の難関を突破しなければできません。ということは、一案に絞られてから調査したのでは遅い。その一案の調査結果がバツだと、別案を最初から検討し直さなければならなくなるからです。

だから、最後の一案ではなく、数案に絞った段階で調査にかけなければなりません。そうした無駄な労力を省くために僕の場合は、全案を簡易調査にかけます。調査しながら作っていく、という方法をとっています。

案が一つできたらすぐ調査する。同一や類似の既登録ネーミングがあったら、言葉を少し変えてみる。「ロックス」がだめなら、「ロッカス」は？ 「ロッカー」は？ 「ロッコ」は？ という具合に語のニュアンスや意味が変わらない許せる範囲で変化させて、調査していって、ＯＫだろうと判断できたら候補に入れる。そうやって、登録可能な案だけを残していけば、最後に登録不可、というどんでん返しの悲劇はほぼ避けられます。

調査開始は、区分と類似群を決めることから

さあ、特許庁のホームページで調査開始です。

「特許情報プラットフォーム J-Plat Pat」に入ってください。この画面の上部バーの「商標」をクリックして「称呼検索」を選択。

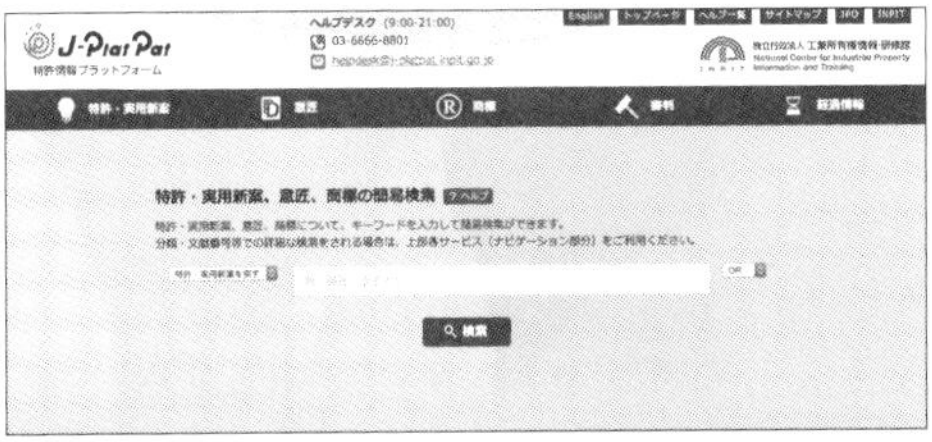

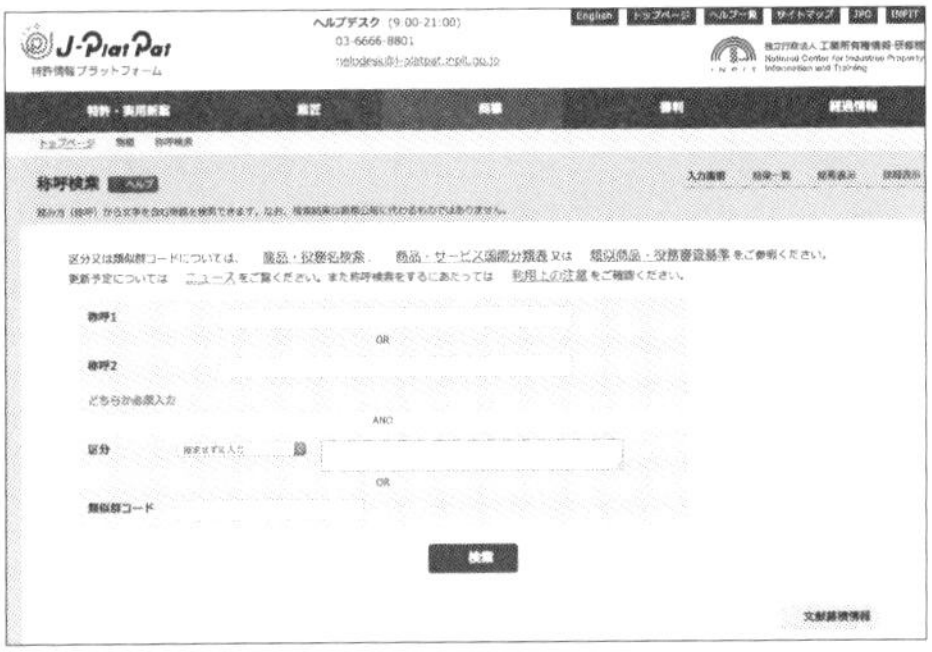

「特許情報プラットフォーム　J-Plat Pat」ホームページ

これが調査画面です。まず、「称呼1」「称呼2」の枠に、案をカタカナで打ち込みます（商標はカタカナで登録されます）。二つの案を同時に調べられるというわけです。「区分」と「類似群コード」の枠には、その商品が属する分類のコードナンバーを打ち込みます。食品か家電か、といった大きな分類が「区分」です。その中で細かくビールとかジュースとか分けたのが類似群コードです。前もって入力画面の真ん中あたりにある「区分又は類似群コードについては」の指示に従って調べておいてください。

打ち込んで「検索」をクリックすると、類似の商標リストが出てきます。類似の度合いが数字で0から10までで示されます。0は「同一あり」です。とても似たものがあれば1とか2……数字が大きくなればなるほど安全というわけです。ここで検討しながら判断を下す。ダメならその案は諦めざるをえない、という次第です。

グローバルに商標登録をしたい場合は、国内と同じようなサイトが、各国にあります。登録したい国を決めてから、それぞれのウェブサイトで調査します。国内と同じ要領でできます。ただし同一調査だけです。類似判断までクリアするには、コストはかかりますが、プロの弁理士に依頼する場合が多いです。

こうして調査を終えてパスしたものだけを案として残すことで、最後の決断が容易かつ高効率にできるわけです。

ついに最終ネーミング案が決定しました。ここから、ネーミング作業はもうあなたの手を離れます。弁理士という法律のプロが担当します。彼が最終的な本調査をした上で登録申請をします。その後、特許庁の審査を経て登録が完了する、という流れです。

商標調査を終えて登録申請が終わって、登録が完了したら、これでようやく、そのネーミングはあなた（または依頼者・企業）のものになるわけです。

本書は、日経広告研究所発行の「広研レポート」に２００４年〜２００７年にわたって連載された「私的・体験的　ネーミング今昔」と、日経産業新聞に２００２年から連載中の「ネーミングＮＯＷ」に、大幅に加筆、再構成して書籍化したものです。

本書に掲載されている写真は、特に表記のないものは著者、編集部が撮影したものです。

あとがき

日経産業新聞に2002年から書いてきたコラム「ネーミングNOW」と、04年から日経広告研究所発行の「広研レポート」に連載した「ネーミング今昔」。この二つのレポートを並べてみると、ネーミングの近年史になっていることに気付きました。

ネーミング近年史、と呼ぶにはちょっとおこがましいけれど、その間ウオッチしてきたネーミングたちがそのまま時代の証人になっている。整列させてみると、その時々の話題のネーミングたちが、ネーミングの歴史を作っているのでした。

それらに加筆して再録したのが、この『ネーミング全史 商品名が主役に躍り出た』です。

振り返ってみればネーミングの様相が劇的に変わって、コミュニケーションの主役を果たしてきたのはここ半世紀弱です。それ以前のネーミングは、ほんの目印、言葉印に過ぎなかった。ネーミングという言葉さえなかった。それが、一挙に主役に躍り出たのは1970年代です。ネーミングの歴史は、商品名が主役に躍り出たところから始まった、ということもできる。それ以前は歴史というほどの劇的な推移はありませんでした。だから、ネーミング史、すなわち、劇的・挑戦的ネーミング史といっていい。そう確信して、僭越ながら書名（これもネーミングですね）を『ネーミング全史』にしました。
最後に作法を添えました。単なるネーミングルポ、ネーミング史ではなく、明日のネーミング作りの先導を果たしたいと考えてのことです。ネーミング制作の現場で実践的に役立てばうれしいです。

二つの連載をまとめて一冊の本にしつらえる。面倒な諸々の作業を一水のもれなく完遂してくださった、日本経済新聞出版社の白石賢さん、雨宮百子さん、五十嵐美樹さん、田中順子さんには感謝の言葉もありません。そしてその前に、長年にわたってコラムの担当をしてくださった日本経済新聞社の歴代担当デスクの方々の、ご鞭撻があったからこそ。長い道程がこんな形に実りました。本当にありがとう。多謝深謝です。

２０１７年　１月

岩永嘉弘

岩永嘉弘

Iwanaga Yoshihiro

ネーミング全史

商品名が主役に躍り出た

2017年1月18日　1版1刷

著者
岩永嘉弘

発行者
斎藤修一

発行所
日本経済新聞出版社
東京都千代田区大手町1-3-7　〒100-8066
電話（03）3270-0251（代）
http://www.nikkeibook.com/

印刷・製本 ―――― 中央精版印刷
ブックデザイン ―― 新井大輔
カバー写真 ―――― 川内章弘
本文DTP ―――― マーリンクレイン

ISBN978-4-532-32127-7
Printed in Japan

早稲田大学第一政治経済学部新聞学科卒業。光文社雑誌編集部、明治製菓宣伝部を経て、コピーライターとして独立し、ロックスカンパニーを設立。ネーミングを手がけるコピーライターのパイオニアとなる。

東京コピーライターズクラブ（TCC）会員。広告のみならずブランディングやCI（Corporate Identity)の分野でも活躍し、数々のネーミングを世に送った。ネーミングの第一人者として認められている。

手がけた主なネーミングに「日立洗濯機からまん棒」「東急Bunkamura」「日清oillio」『月刊STORY』「渋谷MARKCITY」「JAL悟空」「JR イオカード」「生命保険・人生まだまだ!!　これからだ」「大塚製薬UL・OS」「ホンダFIT／MOBILIO」「ソラシドエア」「大手町HOTORIA」などなど。

主な著書に『すべてはネーミング』(光文社新書)『売れるネーミングの成功法則』(同文舘出版)『一行力』(草思社)『極めことば』(KKベストセラーズ)『真夜中のプレゼンテーション』(PHP研究所)『リボーンの森』(メディアパル)など多数。

ホームページURL　http://roxcompany.jp